새로운 질서
새로운 성장

새로운 질서
새로운 성장

대한상공회의소 / 페가수스

발간에 부쳐

어느 때보다 성장이 요구되는 시기입니다. 글로벌 지형이 과거와는 판이하게 변화하고 있고, 한국경제는 항구적인 변화를 만들어내지 못한 채, 급기야 성장 제로의 우려에 직면해 있습니다.

새로운 정부와 함께 미래 한국경제의 성장 원천을 만들어야 합니다. 글로벌 파트너와 손잡고 고비용을 줄일 실행 방안을 찾아야 합니다.

논의의 초석이라도 놓고 싶은 마음에 새로운 성장방식을 제안하는 책을 만들었습니다. 평소 생각해 놓았던 아이디어를 2025년 초 'KBS 일요진단' 대담, 4월 국회 강연, 대선 정국에서의 토론을 준비하면서 조금씩 발전시켰습니다.

이 아이디어들이 제대로 구현될 수 있을지 검증이 필요했기에, 각 분야 전문가들에게 의견을 청했습니다. 바쁘신 시간을 쪼개어 저희와 함께 논의하고, 시뮬레이션, 문헌 조사, 해외 사례 등을 통해 균형감 있는 해답을 내어주신 전문가분들께 감사드립니다.

대한상공회의소는 '기업하고 싶어 하는 사람들이 신나게 도전하는 환경을 만드는 단체'입니다.

책에 담긴 아이디어들이 효율적인 정책 설계로 이어지고, 국내

기업과 청년들에게 새로운 기회를 제공할 수 있었으면 합니다. 또한, 한국경제가 저비용을 통해 건강한 성장을 이루고, 우리 사회에 윤택한 삶을 제공하는 실마리가 되었으면 하는 바람입니다.

대한상공회의소가 정책 제안을 '대중서' 형식으로 발간하는 것은 이번이 처음입니다. 책에 제안된 정책이 낯설어 보일 수도 있지만, 이러한 부분 역시 발전적이고 생산적인 토론의 재료가 될 수 있기에 의미가 있다고 생각합니다.

아이디어 모음집으로 읽어주시고, 제안에 대한 의견을 대한상공회의소 플랫폼(소플)을 통해 공유해 주시면, 대한상공회의소와 새로운 정부에서 정책을 설계하는 데 큰 힘이 될 것입니다.

감사합니다.

2025년 6월
대한상공회의소 회장
최태원

차 | 례

발간에 부쳐

Chapter1 새로운 성장이 필요한 지금

70여 년간 세계질서에서 10,000% 성장했지만 … 12

새로운 국제질서에 '또 다른 도전'까지 … 14

성장모델 : '나홀로' 경제에서 '손잡고' 경제로 … 16

실행모델 : 가성비의 '토털 솔루션' … 22

새로운 법과 제도 : "그때는 맞고, 지금은 틀리다" … 26

Chapter2 나 혼자 한국경제에서 '손잡고 경제연합'으로

7조 달러 AU 가야 한다 … 28

EU 경제연대도 위기에 태어났다 … 32

한·일 협력을 시작으로 한 확장가능성 … 37

규칙 제정자로, 저비용 파트너로 … 42

협력① LNG, CCUS, Super Grid … 45

협력② 반도체+소·부·장 … 49

협력③ 저비용 한·일 의료 인프라, 고성장 한·일 의료 데이터 … 51

협력④ 한국의 일본 빌리지, 일본의 한국 빌리지 … 53

협력⑤ '원격'으로 일구는 한·일 청춘 창업 … 55

한·일 연대의 선결과제 '정경분리' … 57

Chapter3　500만 명 해외인재를

소비 공동화, 두뇌 공동화 현상 … 62

한국인 고급두뇌는 해외로 … 66

지구촌은 '인재영입' 줄다리기 중 … 69

해외시민 500만 명이 들어온다면? … 78

방안① 조건부 그린카드로 새로운 납세자를 … 82
방안② 글로벌 정주 여건 조성 … 84
방안③ 큰 삽 전략 - 글로벌 팹 유치 … 86

Chapter4　소프트한 수출 전환이 필요한 때

한·일 수출입 손익계산서 전격 비교 … 94

소프트머니 경제학 … 100

방안① 본원소득수지 확대 → 해외투자지원 → 금산분리 완화 … 103
방안② 지식재산권 활성화를 위한 3개의 화살 … 112
방안③ K-푸드로 본 '부드러운' 수출전략 … 119

Chapter5　저비용 고성장 토털 솔루션

저비용으로 성장 만드는 토털 솔루션 … 130

일본 후지산 자락의 거대 실험실 … 133

메가 샌드박스의 필요조건 … 136

방안① 지역의 혁신성장 '메뉴판' … 142
방안② AI 인프라 '한국 제조업에 찾아올 경이' … 147
방안③ '제조 AI' 국가전략화 해야 … 149

Chapter6 사회성과인센티브

사회적 가치와 경제적 가치의 단절 : 자원 배분의 비효율성 … 156

평가되지 못한 가치의 발견 : 기업 자산가치의 재정의와 측정 … 163

어쩌면 측정보다 중요한 보상 … 166

보상의 방법과 경험적 증거 … 169

도전과제 : 고정관념과 경계를 허무는 시도 … 176

Chapter7 그 외 논점들 : "그때는 맞고, 지금은 틀리다"

"피터팬을 어른으로" - 중소기업의 기득권 해소 … 180

"대기업의 인프라를 국가 자산으로" - 공정거래법의 변화 … 183

"사회 난제 '상속세 문제'도 MSB로" - 토털 솔루션의 확산 … 194

"해외공장은 국부유출(?) 이젠 옛말" - 해외이전 인식전환 … 197

"중앙집권식에서 분산전원으로" - 에너지의 인식전환 … 200

"AI 시대 일자리를 늘리는 방식" - AI 시대 노동 시스템 … 218

맺음말

집필진 소개

Chapter 1
새로운 성장이 필요한 지금

"여태 해왔던 제품 수출 주도 방식만으로는 성장하기 어려운 상황"
"새로운 국제질서와 해묵은 숙제들이 한국경제의 도전이 되고 있다"
"3대 성장모델을 제안한다. 저비용 토털 솔루션 실행모델도 제안한다"
"새로운 법과 제도를 제안한다. 그때는 맞고, 지금은 틀리니까"

70여 년간 세계질서에서 10,000% 성장했지만

「폭싹 속았수다」 시리즈가 호평이다. 한국경제에 불어닥친 고난과 역경을 무쇠의 헌신으로, 한국 사회를 지탱하던 유교적 질서와 관습을 당돌한 변화로 막아낸 70년의 서사다. 실제로 한국전쟁 이후부터 성장세를 따져보면, 1953년 20조 원 남짓하던 실질 국내총생산(GDP)은 현재 2천조 원을 훌쩍 넘어서게 되었다. 70여 년 동안 100배 이상 성장한 것이다(실질 GDP 성장률은 10,000%를 넘는다). '매우 수고하셨다'라는 제주 방언 '폭싹 속았수다'처럼, 70년간의 선배들의 노력에 대해 눈물 어린 경외감을 느끼지 않을 수 없다.

되짚어 보면, 수출이 1만% 성장의 중심에 있었다. 1960년대 오징어, 가발, 섬유부터 1980년대 철강, 유화 등 중화학 공업, 1990

● WTO 30년 한국의 수출액 변화(1995~2024년)

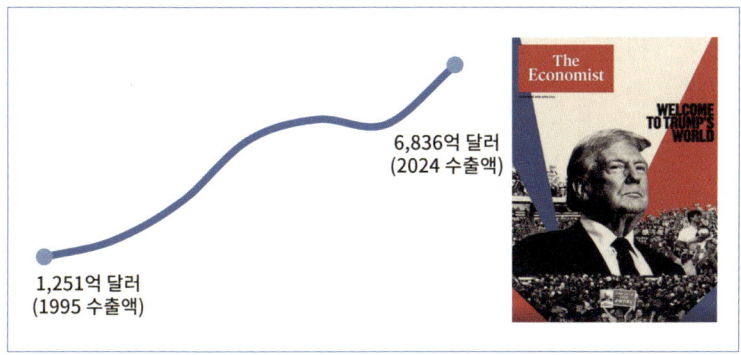

6,836억 달러
(2024 수출액)

1,251억 달러
(1995 수출액)

출처 : 무역협회 무역통계, 이코노미스트 2024년 11월호 표지

년대 이후 자동차, 반도체, 2차전지까지 지구촌 고객을 대상으로 한 상품 수출이 큰 역할을 했다. 그 배경에는 GATT(관세 및 무역에 관한 일반협정)와 WTO(세계무역기구)가 표방하는 자유무역 질서가 자리 잡고 있었다.

2025년은 마침 WTO 가입 30년이 되는 해다. 30년 전, 한 경제지의 신년사설을 보면 이렇게 적혀있다. "국경 없는 무제한 경쟁이 본격화됐다. 쌀을 비롯한 230여 개 농산물이 밀려오고, 학원, 체인스토어 시장이 개방됐다. 공정 경쟁을 근간으로 하는 WTO는 기업들에게 지원되고 있는 100여 개 보조금을 5년 내에 다 폐지할 것을 권고했다. 기업 활동의 발목을 잡고 있는 규제를 과감하게 풀어 경쟁력을 키워야 한다."

하지만 당시의 경고가 무안할 정도로, 자유무역은 한국경제가 마음껏 뛰어놀 수 있는 좋은 운동장이었다. 수출은 30여 년 동안 5.5배 늘었고, 같은 기간 동안 소비와 투자라는 총수요가 부족할 때마다 우리 경제의 손익계산서를 메워주는 안전판 역할을 해왔다.

그런데 최근, 이와 같은 국제질서가 바뀌고 있다. 미·중 간의 갈등, 공급망의 분절, 트럼프 정부의 관세정책 강화 등이 이루어지면서 '자유무역 질서'가 아닌 '자국 우선주의'가 지구촌을 뒤덮어 가고 있다. 자유무역이라는 WTO 질서가 힘을 잃고, '각자도생'과 이해관계에 따라 뭉치고 흩어지는 '합종연횡'이 이루어지고 있다.

실제로 트럼프 정부는 취임 직후인 2025년 2월, 철강과 알루미늄 제품에 각각 25% 품목 관세를 부과하고, 4월에는 한국에 25% 상호관세 부과를 발표한 후 유예를 빌미로 선제적 협상을 요구해 왔다. 자유무역체제 아래 평화롭게 물건을 팔았던 나라들은 트럼프의 예측 불가한 관세정책에 혼란스러워하고 있다. 그뿐만 아니라, 중국은 관세전쟁에 참전하기 시작했고, EU는 아세안, 중동, 남미 등으로 탈미국 연대를 만들어 가며 관세전쟁은 확전의 기미를 보인다. 고래 싸움에 새우 등 터질 격이다.

새로운 국제질서에 '또 다른 도전'까지

이제까지 해오던 제품 수출만으로는 성장을 만들어낼 수 없는 상황이 되었다. 새로운 국제질서뿐 아니라 '혁신'의 지연으로 그

● 제조업 매출액영업이익률 변화

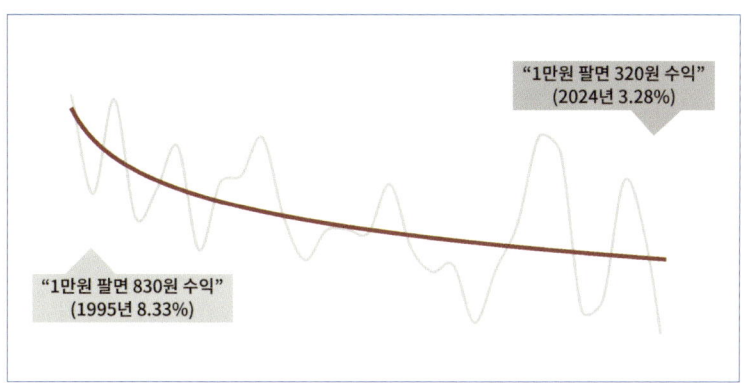

출처: 한국은행, 2025

동안 해결하지 못한 해묵은 숙제들도 한국경제의 도전과제가 되고 있다.

먼저 20년 수출 판박이라는 문제다. 지난 20여 년간 우리나라 상위 10개 수출품목 중 8개는 변함이 없었다(컴퓨터가 제외되고 가전이 들어온 것 외에 바뀐 것이 거의 없다). 특히 반도체·자동차 등 상위 3개 품목이 전체 수출품에서 차지하는 비중은 약 40%까지 확대되어 쏠림 현상이 심화했다(맥킨지 한국사무소 분석).

더 큰 위협은 제조업의 채산성 악화다. "30년 전만 해도 한국의 제조기업들은 1만 원어치 제품을 팔면 830원이 남았다. 지금은 320원 남는다"(한국은행 자료를 대한상의가 분석). 그사이 한국산 인기 상품이 줄어들었거나 비용이 많이 증가했다는 이야기다.

정부의 혁신 노력도 미진했다. 김대중 정부의 규제 기요틴, 노무현 정부의 규제 비용 총량제, 이명박 정부의 규제 전봇대, 박근혜 정부의 손톱 밑 가시, 문재인 정부의 붉은 깃발론, 윤석열 정부의 킬러 규제 등 정권이 바뀔 때마다 법과 제도를 혁신하자는 움직임이 있었지만 '새로운 일을 벌이기'에는 역부족이었다.

산업화의 그늘이라 할 수 있는 수도권 집중 현상은 청년들에게 심한 경쟁의 굴레를 씌웠다. 대한민국의 11.8% 면적에 인구의 절반 이상이, 1천 대 기업의 70% 이상이 몰려 있다 보니 청년들은 수도권에서 주거 경쟁, 일자리 경쟁을 할 수밖에 없다. 합계출산율 0.72명은 그들에게 어쩌면 자연스러운 현상일지 모르겠다. 수도권 쏠림에 따라 지방소멸은 점점 가속화되고 있다.

AI라는 도전도 거세다. "전망은 전망이 없는 것이 전망입니다"(최태원 회장, 대한민국 AI 정책 포럼('25.5))라고 할 정도로 AI가 어느 시점에 어느 정도로 위협이 될지 아무도 모르는 상황이다. 다만 제조업에 가장 큰 충격이 예상된다. 10년 후 AI가 제조업에 미치는 영향이 4조 달러에 이르리라는 것이 컨설팅그룹 액센추어의 분석이다. 미국, 중국과 경쟁하고 있는 제조업 분야에서 한 발자국이라도 더 빨리 뛰어야 하는 이유다.

성장모델: '나 홀로' 경제에서 '손잡고' 경제로

대한상의는 그래서 '성장'을 제안한다. '저성장은 선진국 현상',

● 명목 GDP 성장률 30여 년간 추세선

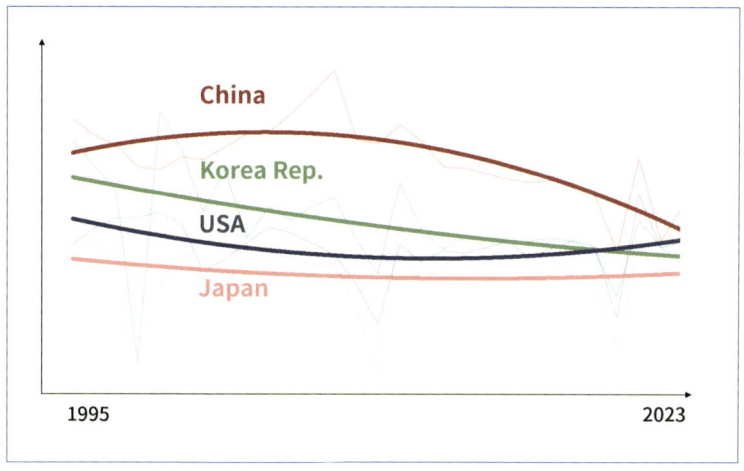

'저성장은 뉴노멀(New Normal)'이라며 내리막길 성장 속도를 완만하게 할 때가 아니라는 것이다. 세계 최대 선진국인 미국은 디지털 혁신과 AI 혁신을 통해 2000년대 들어 추세 전환을 시작했고, 중국은 성장세가 감소했지만 여전히 독보적인 성장을 하고 있다. 일본은 '잃어버린 30년'을 지나 훈풍이 불고 있다. '우리만 성장판이 닫혀가는 것은 아닌지?' 자문하며 우리는 3가지 성장모델을 제안한다.

① 나 혼자 한국경제에서, 손잡고 경제연합

한국경제는 지금껏 모든 제도와 인프라를 대한민국에서만 만들어 우리끼리 공유하고 생산했다. 많은 국가와 FTA를 맺으며 경제

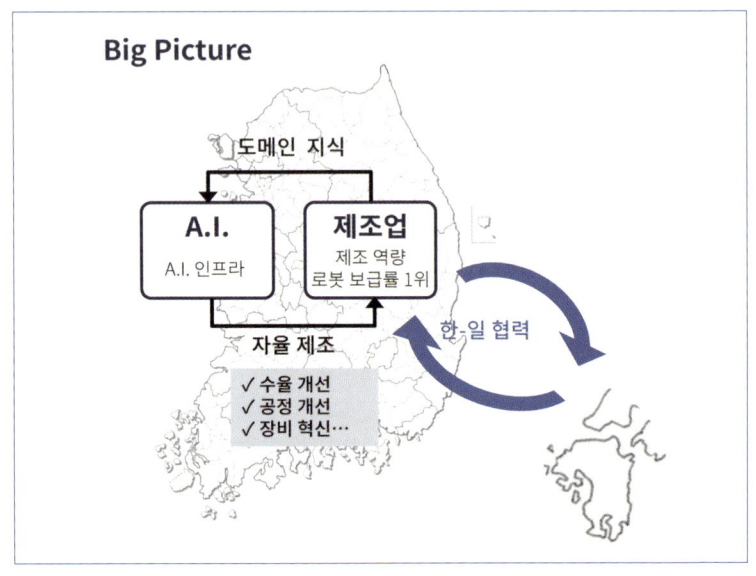

영토를 넓혀 오긴 했지만, 무역거래에 한정될 뿐 경제정책과 시스템은 연대하지 않는 독립 경제체제였다. 이러한 경제체제는 속도감 있는 발전에는 유리할 수 있지만, 경제 규모나 목소리는 작을 수밖에 없다.

지금처럼 변화된 글로벌 지형에서는 우리 같은 규칙 추종자(Rule Taker)들이 규칙 제정자(Rule Setter)인 미국, 중국의 논리에 휩쓸려 다닐 수밖에 없다. 한국과 목소리를 함께 낼 누군가가 필요하다.

당장은 이웃 나라 일본이 그 대안이 될 수 있다. 한국경제가 지금은 1.8조 달러 시장이지만 일본(4.2조 달러)과 손잡으면 산술적으로 6조 달러 시장이 되고, 7조 달러 시장까지 바라볼 수 있게 된다. 덩치가 커진 만큼 목소리도 커질 것이다. 무엇보다 저비용 사회를 만드는 실마리가 될 수 있다. 지구촌에서 LNG 수입 2위 국가인 일본과 3위 국가인 한국이 공동구매하면 가격협상력도 높아진다. 한국의 반도체와 일본의 소·부·장(소재, 부품, 장비)이 손잡으면 저비용의 연구개발 조인트벤처가 만들어지는 셈이다. AI 시대 제조업 강자들이 데이터와 기술을 공유하며 커 나가는 큰 그림을 그려볼 수도 있다.

② 5백만 해외인재 유치

내수를 늘리는 노력도 중요하다. 경제계의 제안은 소비 주체를 늘리자는 것이다. 베트남, 인도네시아, 말레이시아 등 아시아의 고급두뇌를 유치해야 한다. 숙련된 노동자일수록 내국인의 일자리를 대체할 가능성이 작다. 한국의 저출산 문제를 해결할 수 있을 뿐 아니라, 내수 시장도 크게 확대할 수 있을 것이다.

해외시민이 500만 명 유입될 경우 우리나라 소비는 74.1조 원 ~92.7조 원 더 늘어날 것으로 분석된다. 조건부 그린카드 등을 통해 새로운 납세자를 얻을 수도 있다.

이들에게는 본국 이상의 높은 보상, 가족과 함께할 글로벌 수준의 정주 여건, 그린카드 같은 비자 혜택 등이 필요하다. 첨단 산업의 글로벌 공장을 유치하는 방식도 중요하다. 일본 구마모토는 대

● 독일의 '조건부 그린카드'

출처 : ChatGPT 4o 생성

만 TSMC의 반도체 팹(Fab)을 유치하면서 1,000명 이상의 엔지니어가 일본으로 파견되는데, 가족까지 합하면 4~5천 명에 이를 것으로 기대된다. 독일도 미국의 인텔 팹을 유치해 500명의 엔지니어와 가족을 끌어들인 바 있다. 인재 적자국이라 불리는 대한민국에서 해외 인재들이 산업경쟁력 제고의 디딤돌이 될 것이다.

③ 소프트머니를 벌어야

경상수지(Current Account)는 상품수지와 서비스수지, 본원소득수지 등으로 구성된다. 지금까지 우리는 관세정책의 타깃이 되는 상품수지만을 걱정해왔다. 이제는 서비스와 본원소득을 공략해야 한다. 지구촌 사람들이 K-푸드를 일주일에 한 번 먹는다고 상상해 보자. 지금까지 우리는 K-문화(Culture)를 이야기했지만,

● 경상수지로 본 K-Culture

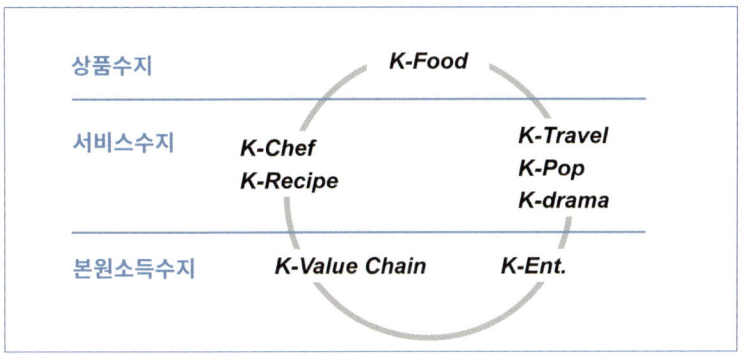

이 분야에서 제대로 돈을 벌지 못했다. K-푸드만 팔아 상품 수출을 늘렸지만, 이제는 K-셰프, K-레시피를 보급하고 외국인들에게 K-여행을 유도해 서비스 수출을 늘리고, K-푸드 공급망을 구축해 본원소득 수출을 늘리는 노력, 다시 말하면 K-산업화가 중요하다고 본다. 우리 수출의 1% 남짓한 지식재산권의 역할도 중요할 수밖에 없다.

본원소득수지도 개선해야 한다. 일본의 경우, 상품수지 적자가 나더라도 본원소득수지 흑자가 그 이상을 충당하는 경상수지 안전판 구실을 하고 있다. 이는 해외투자를 강화해야 한다는 의미이며, 투자로부터 발생하는 배당이나 이익 등의 소득이 국내로 유입될 수 있도록 자산운용 방식도 새롭게 개선해야 한다.

해외투자는 단순히 돈을 버는 것 이상의 미래투자다. 글로벌 투자는 전략적으로 AI 등 기술과 지식, 경영 노하우와 산업경쟁력을 대한민국의 혁신으로 끌어들이는 역할을 할 것이다. 미국이 해외 투자를 총괄하는 투자업무국(Office of Investment Affairs)을 두는 이유다. '선진국형 경상수지 관리대책'이라 불릴 만하다.

실행모델: 가성비의 '토털 솔루션'

성장모델을 어떻게 실행할 것인가? 최우선 기준은 '저비용'이다. 성장모델을 실현하기 위해서는 자금과 인력이 필요하고, 성과가 나타날 시차도 존재한다. 그래서 하나하나 단편적으로 접근하기보다는, 전체적으로 한 번에 해결하는 방식(holistic approach)을 제안한다.

이른바 메가 샌드박스(Mega Sandbox)다. 혁신 사업자에게 규제를 일정 기간 유예하는 규제 샌드박스를 메가(광역) 단위로 넓힌 개념이다. 이제는 기업 단위의 혁신이 아닌, 국가 차원의 혁신이 일어나도록 실험실의 크기를 확대해보자는 것이다. 전면적으로 규제를 혁신하려다 이해관계자들 간의 이견 조율에 함몰되지 말고, 우선 일정 구역을 정해 규제를 풀어보면 효과를 빠르게 검증할 수 있고 사회적 비용도 절감할 수 있다.

'서울민국'이라 할 정도의 수도권 집중 현상을 해소하고, 지역에 글로벌 도시를 만들 수 있다. 5백만 명의 해외 인구를 받아들일 정주 여건도 마련할 수 있다. 일본과 데이터와 에너지를 공유

● 서울민국의 그늘

출처 : ChatGPT 4o 생성

하는 거점을 만들 수도 있다. 지역의 비교우위 기술, 산업, 컨셉이 결합하면 지역 혁신 성장을 위한 다양한 선택조합도 가능하다.

다만 최소한의 구현 요소는 있어야 한다. ① 외국 기업도 매력적으로 느낄 '파격적 규제 혁신'은 필수 조건이다. 일본 도요타의 혁신 실험장인 우븐시티(Woven City)나 두바이의 금융 특구(DIFC)가 대표적인 사례다. 지금까지 해왔던 방식으로 일부 손질하거나 시늉 내기에 그쳐서는 어떤 변화도 만들어내기 어렵다. ② 지자체장이 영업사원 1호가 되어 투자 희망 기업에 '과감한 인센티브'를 제공할 수 있어야 한다. 선제적 자금 제공, 획기적인 세금

● 메가 샌드박스 구현요소

필수 구현요소	대한상의 생각
1. 샌드박스 내 파격적 규제혁신	"기업이 '이런 걸 해도 되나요?'라고 물었을 때 '뭐든지 하세요'라고 답하는 열린 규제"
2. 민간이 원하는 과감한 인센티브	"국내기업 뿐 아니라 글로벌 기업 수요까지"
3. 글로벌 인재 매칭	"대학교육이 취업까지 연계되도록"
4. 글로벌 정주여건	"지역 인구특성에 맞는 주거, 교육, 의료, 문화 등"
5. AI 인프라	"미래 산업기반인 AI 인프라는 기본"

감면, 노동 유연성 보장 등 민간이 실제로 움직일 수 있는 수준의 지원책을 마련해야 한다. 이를 위해서는 지방 정부의 권한과 재정을 강화할 필요가 있다. ③ 기업을 운영하는 데 가장 중요한 부분은 인재다. 해외 인재와 국내 인재가 들어올 유인을 제공해야 한다. 예를 들어, 해당 지역 대학에서 공부하는 것이 바로 취업으로 연결되는 것을 보장해 줄 정도의 유인책이 필요하다. ④ 주거, 교육, 의료, 문화 등 인재와 가족들이 머물 정주 여건도 중요하다. 해외 인재가 한국을 떠나는 이유 중 하나는 '가족이 그리워서'이고, 가족은 정주 여건 때문에 한국에 살 수 없다고 한다. 수도권과 해외의 인재가 불편 없이 안전하고 쾌적하게 살 수 있는 기반을 지역에 마련해야 한다. ⑤ 미래 산업 기반이라 할 수 있는 AI 인프라와 전기 먹는 하마라고 불리는 AI를 구동할 에너지 지원도 필수적으로 요구된다.

이처럼 글로벌 경쟁력을 갖춘 도시 기반을 구축해 놓으면, 그다

● 메가 샌드박스 메뉴판 예시

음에는 대한민국의 산업경쟁력, 미래 신기술, 지방자치단체의 컨셉을 조합한 다양한 시도를 해볼 수 있다. 마치 메뉴판에서 음식을 고르듯 말이다. 예를 들어 울산, 포항 등 제조업 벨트에는 AI와 제조업을 결합하는 '제조+AI' 샌드박스를 생각해 볼 수 있다. 주요 광역시를 대상으로 시민들이 AI를 사용해 보고 피드백을 주며, 기업이 피드백을 바탕으로 데이터를 쌓아가며 사업모델을 발전시킬 수 있는 'AI 테스트베드'도 가능하다.

무엇보다 제도 실험에 탁월하다. 규제를 한 번에 풀기란 불가능에 가깝다. 규제 혁신의 비용과 편익을 예측하고, 규제 변화로 바뀌게 될 이해관계자들의 설득에도 나서야 한다. 기존의 규제 샌드박스 제도가 보여주듯, 일정 범위 내에서 실험을 통해 믿을 수 있는 데이터들을 얻을 수 있다. 예컨대, '상속세 인하 효과'를 측정하는 실험실을 만들 수 있다. 여러 인센티브 꾸러미 중, 가업 상속 혜택이 기업의 혁신을 높이며 일자리를 창출하는지, 수도권 기업과 고급 인재들이 비수도권으로 몰리는 유인이 되는지도 검증이 가능하다.

영어가 공용어가 된 '글로벌 도시', 중국과 일본의 관광객을 흡수할 '면세 도시', 비대면 진료로 '의사 없는 도시', 도로의 싱크홀을 찾고 하늘 배송이 가능한 '드론 도시' 등 다양한 정책 실험을 적은 리소스로 진행할 수 있다.

새로운 법과 제도: "그때는 맞고, 지금은 틀리다"

새로운 성장모델에 이어 새로운 법과 제도는 어떤가? 과거의 체계와 틀에서 만들어진 법과 제도는 경제 사회의 발전 속도를 따라가지 못한 채, 이제는 우리의 성장을 가로막고 있다. 법과 제도의 과감한 혁신이 요구되는 이유다.

그래서 대한상의는 기업 성장 사다리, 공정거래법의 변화, 해외 이전에 대한 인식 전환, 에너지 인프라 혁신, AI 시대 유연한 노동 시스템에 관해 이야기해 보려 한다. 우리가 얘기하는 것은 단기적인 대응이 아니라 장기적인 모델 설계방안이다. 이제 각 장마다 사계의 전문가들에게 배턴을 넘겨드린다.

Chapter 2
나 혼자 한국경제에서 '손잡고 경제연합'으로

— 이지평, 조홍종, 서동현 —

"한국과 일본의 경제연대는 6~7조 달러의 시장을 확보하고,
국제사회에서 Rule Taker를 벗어나 Rule Setter로 목소리 낼 기회다"
"씨름을 잘해온 선수가 수영으로 경기방식이 바뀌었다면,
'최소한 물속에서 씨름하자'라고 억제안이라도 해볼 수 있다"
"중요한 건 규모의 경제달성에 따른 '저비용 구조'의 실마리가 될 기회"

7조 달러 AU 가야 한다

1990년대 이후로 가속화되던 글로벌화가 최근 들어 주춤하고 있다. 미국 트럼프 대통령이 관세 부과와 유예를 반복하면서 지구촌에 불확실성을 더하고 있지만, 분명한 사실은 '미국은 당분간 자국 중심적인 정책을 강화할 것'이라는 점이다.

우리나라는 소규모 개방경제로서의 어려움을 극복하기 위해 세계시장을 적극적으로 개척하는 수출 주도형 경제정책으로 성장해 왔기 때문에, 자유무역의 후퇴는 향후 우리 경제의 향방에 난관이 될 수밖에 없다. 무엇보다도 글로벌화의 후퇴에 따른 관세와 경제안보 대응 등의 비용 증대를 상쇄할 수 있는 생산성 향상, 신기술 혁신, 규모의 경제성 확보를 통해 성장잠재력 유지 및 제고가 중요한 시점이다.

● 글로벌화 후퇴에 따른 세계무역 증가율 감소 추이

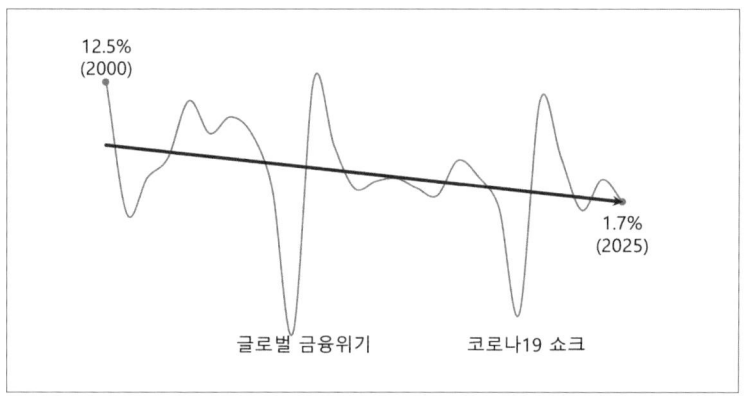

출처 : IMF

그동안 글로벌 자유무역을 주도해 왔던 미국은 제조업의 약화에도 불구하고 빅테크의 고성장, 바이오, 항공, 우주 등 첨단 산업의 발전으로 한국, 일본을 훨씬 능가하는 1인당 소득을 기록하고 있다. 하지만 한편으로는 철강, 자동차, 조선, 반도체 조립 등의 산업 분야가 약해지면서 US스틸의 매각 우려, 인텔의 첨단 반도체 제조기술 경쟁력 약화 등의 현상도 나타나고 있다. 자동차도 전기차와 자율주행용 디지털 기술 등에 강점을 가진 테슬라가 도약하고 있으나, 전통 자동차 기업인 GM, 포드 등은 불안정한 측면이 있다.

미국 전체적으로는 글로벌화와 자유무역의 혜택을 보고 있지만, 러스트 벨트(Rust Belt)로 대표되는 지역의 제조업 근로자들이 글로벌화에 반대하는 목소리를 높이고 있다. 미국 정치 지형은 민주당과 공화당의 지역 기반이 양분되는 가운데, 대통령 선거의 승패가 스윙 스테이트(Swing State, 경합주)인 러스트 벨트에 의존하는 구조가 고착화되고 있다. 이에 따라 미국 정치권으로서는 러스트 벨트에 특별히 신경을 쓸 수밖에 없다. 이러한 구도는 쉽게 바뀌지 않을 것으로 보이며, 미국 정치권은 여야를 막론하고 제조업 강화, 다시 말해 '러스트 벨트 부활' 전략을 강조하느라 자유무역을 언급조차 하기 어려운 상황이 되고 말았다.

한편, 중국은 태양광, 배터리, 전기차 등 신흥 기술 분야를 중심으로 세계시장을 주도하기 시작했다. 일본 자동차의 아성이었던 동남아 시장에서 전기차를 앞세운 중국기업의 진출이 두드러지고 있으며, 이대로 가면 미국, 유럽, 일본 등 선진시장에서도 중국산 자동차가 득세할 가능성이 크다. 중국산 자동차의 보급은 선진 각국에서 보호주의와 정치적 불안정성을 일으킬 수 있는 고용 문제를 한층 악화시킬 가능성도 있다. 이뿐만 아니라 중국은 인공지능(AI), 로봇, 우주, 양자컴퓨터, 수소 경제 등에서도 강력한 경쟁력을 쌓아나가고 있다. 이러한 중국 산업의 도약은 미·중 패권전쟁을 더욱 심화시켜, 미국을 중심으로 한 보호주의 강화를 가져올 것으로 보인다.

보호주의는 과거 1, 2차 세계대전 사이에도 확산된 적이 있다. 당시 세계 경제는 블록화되고 무역이 크게 위축되면서 대공황을 심화시킨 바 있다. 그 배경은 영국의 패권(Pax Britannica)에 대한 독일의 도전으로 영국의 산업경쟁력이 약화하고 국제 금본위제 등 영국이 주도하는 국제질서와 리더십이 취약해진 데 있었다. 지금 진행되는 글로벌화의 후퇴 현상은 이 블록 경제기와 같은 수준은 아니지만, 세계 경제 성장률에는 부정적인 영향을 미치고 있으며, 미국의 지도력 약화가 그 배경에 있는 것으로 보인다.

그동안 내수 위축 압력을 받았던 한국경제는 장기 저성장을 피하고자 수출 확대에 주력해 왔다. 그래서 세계 무역 환경의 악화는 한국경제에 부담이 될 수밖에 없다. 한국경제로서는 글로벌화가 후퇴하는 상황에서 저출산, 저성장 압력 극복이라는 과제를 해결하기 위해 다양한 노력이 필요하다.

특히 협력할 수 있는 동반자와의 유대 관계가 중요하다. 보호주의가 강화되는 시대에 유리한 입지를 확보하기 위해서는 더욱 안정된 시장 기반을 단독으로 유지하거나 지역 협력을 통해 공동시장을 구축할 필요가 있다. 또한, 각국이 경제안보 차원에서 관세율 인상, 전략 품목 규제 등에 나서는 데 대한 협상력을 높일 수 있는 자원 역량, 독보적 기술력 등이 더욱 중요해질 것이다.

국제사회에서 우리의 목소리를 키우기 위해서는 협력 파트너와 함께 경제적 크기를 키워야 한다. 가장 현실적으로 연대가 가능한 국가들은 지리적·문화적으로 가깝고 경제적 시너지 창출이 가능한 아시아 국가들이다. 범위를 좁히면 한자 문화권과 반도체 경쟁

● 2025년 세계 각국의 GDP 규모

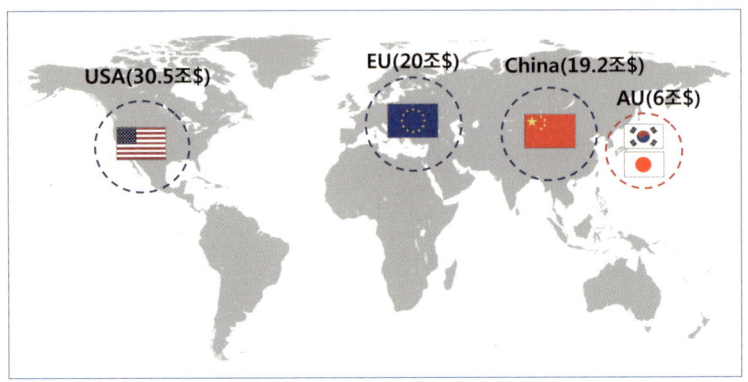

출처 : IMF

력을 갖춘 일본 정도를 꼽을 수 있다. 한·일의 GDP를 합하면 약 6조 달러에 이른다. 미국(30조 달러), EU(20조 달러), 중국(19조 달러)에 이어 6~7조 달러 규모의 아시안 연합(Asian Union)의 초석이 가능해진다.

EU 경제연대도 위기에 태어났다

세계 경제 환경의 악화 속에서 초강대국이 아닌 대외개방형 국가들이 서로 연합하여 능동적으로 대응한 사례로 유럽연합(EU)의 창설을 들 수 있다. 이는 향후 아시아 국가들과의 협력에서도 중요한 역사적 시사점을 제공할 수 있을 것이다.

유럽 각국은 산업혁명 이후 세계 경제를 주도하는 강대국이었으나, 두 차례의 세계대전을 거치며 식민지를 상실하고 국력이 급격히 쇠퇴하여 미국과 구소련이라는 초강대국 사이에서 힘을 발휘하지 못하는 상태에 빠져 있었다.

이에 어떻게 유럽의 평화를 확보하고 경제를 재건할 것인가에 대한 다양한 논의가 이루어졌다. 1948년 5월, 민간 주도로 헤이그에서 '유럽회의'가 개최되었고, 국가 주권의 일부 통합, 유럽의회의 설립 등이 제창되었다. 이를 받아 프랑스의 외무장관인 비도(Georges-Augustin Bidault)는 관세·경제 동맹의 구축, 유럽의회의 창설 등을 제안하였다. 그러나 초국가적 기관의 설립을 우려한 영국 등의 반대로 '유럽 평의회'가 설치되는 수준에 그쳤다.

한편, 동서 냉전이 격화하는 가운데, '독일과 프랑스는 어떻게 화해할 것인가?', '독일을 어떻게 재건할 것인가?' 같은 문제가 유럽의 긴급한 과제로 부상하고 있었다. 이러한 상황에서 갑작스러운 제도적·정치적 통합을 목표로 하기보다는 구체적인 성과를 축적하면서 유럽 내에 실질적인 연대감을 만들어 가자는 장 모네(Jean Omer Marie Gabriel Monnet)의 현실적 이상주의가 등장했다(고바야시 도시오, 2014.5.). 이를 기반으로, 프랑스 외무장관 슈만(Jean-Baptiste Nicolas Robert Schuman)은 1950년 독일과 프랑스의 화해에 장애가 되고 있던 '자르' 지역의 영토 문제와 유럽 경제 부흥의 걸림돌이었던 석탄 부족 문제를 해결하는 방책을 내놨다.

이른바 '슈만 플랜'으로 독일과 프랑스가 공동으로 석탄과 철강 생산을 관리하게 해 군비 경쟁 가능성을 원천 봉쇄하고 협력의 물꼬를 텄다.

이 제안은 독일, 프랑스, 이탈리아, 베네룩스 3국(벨기에, 네덜란드, 룩셈부르크)의 6개국에 의해 1951년 파리조약으로 조인되어 1952년 8월에 유럽 석탄 철강 공동체(ECSC)가 발족했다. 유럽 통합의 행보가 구체적으로 시작된 것이다. 장 모네가 '유럽의 아버지'라고 불리는 이유다(국제통화연구소, 2014.5.).

자르 지역은 프랑스의 로렌 지역에 접하는 독일 서부의 한 지역으로, 제2차 세계대전 후에도 양국이 이 지역의 영유권 문제로 대립했으나, 1957년 1월 1일부터 서독에 귀속되었다. 당시 중요 산업이었던 석탄과 철강, 군수산업의 요지인 독일-프랑스 국경의 자르, 알자스, 로렌, 룰 지방의 석탄과 철강 산업을 공동 관리하는 체제는 전쟁 억제와 공동 번영 실적을 축적해, 상호 신뢰 조성에 크게 기여했다.

이러한 성과를 기반으로 유럽 통합의 제도화가 진행되었고, 1957년 3월에 로마 조약이 체결됨에 따라 유럽 경제 공동체(EEC: European Economic Community)와 유럽 원자력 공동체(Euratom)가 설립되었다. EEC에서는 공동시장 설립을 위한 관세동맹을 결성하고, 공통 농업정책, 공통 통상정책 등 광범위한 협력의 틀을 마련했다. 1967년 7월에는 ECSC, EEC, Euratom 3개 기관을 통합한 EC(European Communities)를 창설하여 유럽 통합을 추진하게 된다.

　EC는 점차 공동시장, 단일 경제권으로서의 위상을 강화하여 미국, 러시아를 견제하는 제3의 세력으로서 인정받게 되었고, 1960~1970년대 미국계 기업들이 대거 유럽에 진출하여 '다국적 기업(Multi National Company)'이라는 말이 탄생하는 계기가 되었다. 1973년에는 영국, 덴마크, 아일랜드가 EC에 가입했고, 남유럽 국가로 통합이 확산되어 1981년에는 그리스가, 1986년에는 민주체제로의 이행을 완수한 포르투갈과 스페인이 가입했다. 냉전 종식 전에 서유럽 중심으로 12개 가입국 체제가 갖춰진 것이다.

　1990년대에 동서 냉전이 종식되고 동유럽이 서방 세계로 편입되면서 유럽 통합은 다시 확대의 전환기를 맞이했다. 1985년부터 1994년까지 10년간 유럽위원회 위원장을 맡은 드롤(Jacques Lucien Jean Delors)의 리더십 아래 역내 단일 시장이 형성되었고, 통합의 목표로서 1989년 '드롤 리포트'에서 단일 통화인 유로의 도입이 제안되었다. 그리고 이 유로 도입 방안을 포함한 마스트리흐트 조약이 1991년 12월에 조인되고, 1993년에 발효하여 EU(European Union)가 탄생하고 EU 시민권이 확립되었다. 1994년에는 유럽 중앙은행(ECB)의 전신인 유럽 통화기구가 설립되어, 참가하는 각국 통화를 유로화로 전환하는 준비가 시작되었다. 1999년 1월에는 우선 결제용 통화로 유로가 도입되었고, 2002년

● 유럽의 점진적 경제통합 과정

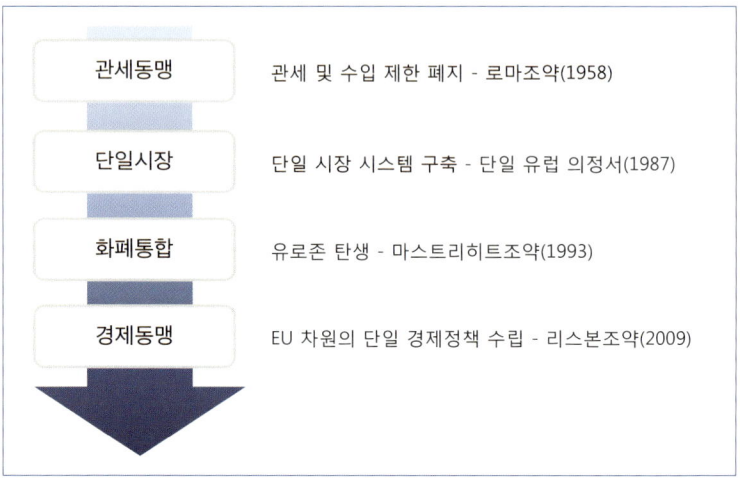

1월 유로 지폐·코인이 유통되기 시작했다.

한편, 중앙 유럽·동유럽 각국이 잇달아 EU에 가입하여 28개국으로 확대된 후 2020년에 영국이 탈퇴해 현재의 27개국이 되었다. EU의 확대에 따른 경제력 강화로 EU 차원의 국제적 발언권도 강화됐으며, 각종 산업의 기준, 환경 규범 등의 설정을 위한 국제 협상에서 EU의 주도력이 강화됐다.

이처럼 EU는 각국 간 분쟁을 종식하고 힘을 모아 초강대국에 대응하겠다는 강한 정치적 의지를 바탕으로 단일 통화의 경제 원리상 어려움(그리스와 독일의 경쟁력 격차가 있는데도 같은 환율이 적용되는 점, 국가재정의 통합은 아직 이루어지고 있지 않다는 점 등의 모

● EU 경제권의 위상

구 분	세계 GDP 비중(%)	경상수지 (억$)	인구 (만명)	국제결제 통화비중(%)	외환보유 통화비중(%)
EU	14.4	6,483	44,758	16.1	20.6
USA	14.9	-9,496	33,681	44.2	59.5
China	19.1	2,637	140,905	2.5	2.4

주 : 세계 GDP 비중은 PPP 기준임 / 출처 : IMF, 일본재무성 재무종합연구소

순)에도 불구하고 구체적인 경제 협력의 이익으로 통합을 유지해 경제력을 강화해 왔다. 한국과 일본도 국력의 한계를 서로 극복하기 위해 양국 간 구체적인 협력 사업을 확대하면서 경제권 확대의 이점과 국제적 영향력을 강화할 수 있다.

한·일 협력을 시작으로 한 확장 가능성

EU가 독일, 프랑스 등 유럽 국가들이 모여 시장의 크기를 키우고 국제사회에서 내는 목소리를 키웠던 것처럼, 우리나라가 AU를 구축하기 위한 첫 단계는 일본과의 경제연대라고 할 수 있다. 한국은 글로벌화가 후퇴하는 상황에서 저출생, 고령화, 산업혁신 둔화, 잠재성장률 둔화 등을 해결하기 위해 다양한 노력이 필요하다. 역내 협력으로 공동시장을 구축하고 경제안보 차원에서도 관

● '동병상련' 한국과 일본의 공통 과제

	Korea Rep.	Japan
"저성장"(1인당 GDP)	$35,630	$33,766
"제조업 편중"(제조업/GDP)	25.6%	19.2%
"저출생"(합계출산율)	0.75명	1.15명
"고령화"(고령화율*)	20.6%	30.0%

*고령화율은 전체 인구대비 65세이상 인구비중 (고령사회: 14%↑, 초고령사회: 20%↑)

세율 인상, 전략 품목의 규제 등에서 협상력을 높여야 할 것이다.

한국뿐 아니라 일본도 협력의 파트너가 필요하다. 1인당 GDP (국내총생산)의 경우, 한국은 35,630달러, 일본은 33,766달러로 성장세가 회복되지 못하고 있다. 저출생에 대한 고민도 깊다. 한국 합계출산율이 0.75명인데 일본도 1.15명 수준으로 세계에서 낮은 수준이다. 또한, 두 나라 모두 초고령사회다. 한국은 2025년 들어 고령자 비율 20%로 초고령사회에 진입했고, 일본은 30%로 이미 넘어선 상태다. 제조업 편중도 역시 한국과 일본 각각 25%, 19%로 산업구조 또한 비슷하다. 한국과 일본의 기업들 상당수가 '동병상련'의 마음이다. 다시 말하면, 혁신의 파트너로서 양 국가가 매우 좋은 상대다.

한·일 간 연대는 확장성 측면에서도 세계적 주목도가 높다. 2025년도 기준으로 한국의 명목 GDP는 1조7,903억 달러, 일본은 4조1,864억 달러로 합계 5조9,767억 달러이며, 2030년에는 7조1,444억 달러로 확대될 전망이다(IMF, World Economic Database, 2025.4.). 한·일 합계 6~7조 달러 경제권의 형성은 우리 기업에 성장의 무대를 넓히게 되고 통합경제권으로서의 협상력을 높일 것이다. 그리고 이 한·일 경제권은 동남아, 서남아 등을 포함한 아시아 경제권과의 유대를 강화하면서 아시아 통합경제권을 구축하는 첫걸음이 될 것이다. 한·일에 기타 아시아 신흥국을 합한 경제권은 2030년에 47조7,850억 달러에 달할 전망이며, 이는 미국의 1.34배 정도로 세계 최대의 경제권이 될 전망이다.

한·일 양국이 7조 달러 경제권을 기반으로 서로의 강점 분야에서 협력하고 서로 제2의 내수 시장처럼 규모의 경제를 달성한다면, 고령화 시대에도 생산성 향상 효과를 누릴 수 있다. 저비용을 기반으로 산업을 혁신하고, 양국 간 스타트업 창출 효과도 크게 누릴 수 있다. 또 한·일 양국 기업의 해외생산 기지가 막대한 규모에 달하고 있으며, 아시아를 비롯한 글로벌 차원에서도 확장되고 있기 때문에 한·일 협력은 아시아나 미국, EU 쪽에서도 협력 관계를 활성화할 수 있다. 사실, 일본이 해외생산 거점에서 벌어들인 매출액(투자 지분율로 매출액 조정 기준)은 일본 전체 수출의 3배 이상 규모에 달하고 있으며, 우리나라의 아시아 수출 중 일본 기업에 수출하는 경우도 많다.

한·일의 공동경제권, 대외협력 체제는 세계 경제의 보호주의 확산을 억제하고 세계 경제의 성장과 번영을 뒷받침하는 데 기여할 것으로 보인다. 한·일 협력은 자유주의를 주창해 왔던 미국의 주도력 약화를 보완하면서 세계 각국에서 공정한 무역 관행이 확산하는 데 주력할 필요가 있다. 일본은 미국이 빠진 CPTPP(환태평양경제동반자협정)를 주도하면서 약해져 가는 자유무역 질서의 유지에 앞장선 바 있다. 한·일 양국이 함께 나선다면 동남아, 중국, 인도 등을 포함한 글로벌 사우스(Global South)에서 자유롭고 공정한 무역질서를 보급해 나갈 수 있을 것이다.

이미 양국은 RCEP(역내포괄적경제동반자협정)의 성공적인 출범에 협력한 바 있고, 향후 협정의 자유화 수준 확대(RCEP+), 인도 등을 포함한 참여국 확대에 협력할 수 있다는 입장이다. 특히 미국의 상호관세 압력을 받게 될 것으로 보이는 고관세 국가인 인도의 무역자유화에 협력하면서 한·일의 제조업 투자 역량을 교섭 수단으로 활용할 수도 있을 것이다. 또한, 중국, 브라질 등 자국 산업 보호에 적극적인 국가들의 정책 완화 및 자유화를 위해 한·일이 공동보조를 취하는 협력도 모색할 수 있다. 특히 중국에 많은 투자를 해 온 한·일 양국이 글로벌 기준에 맞는 투자자 보호, 외국 기업의 보유 기술이나 상표 등 지적 재산권 보호에 중국이 적극적으로 나서도록 권유하고 유도함으로써 미·중 마찰 완화 효과

● 무역자유화 시 GDP 추가 상승률

(단위: %)

구 분	한중일 FTA	RCEP+	CPTPP	FTAAP
Korea Rep.	0.76	0.87	0.92	1.15
Japan	1.06	1.33	1.0	2.09
China	0.38	0.52	0.76	2.53
USA	-0.02	-0.02	-0.05	1.48

출처 : 가와시키 켄이치 일본 정책대학원대학 교수, 2024

까지 추구할 수 있을 것이다.

 덧붙이면, 한국, 중국의 CPTPP 가입을 추진함으로써 한·중·일 FTA를 통한 다각적인 협력, 한·일 FTA로 더욱 심도 있는 한·일 경제의 통합 효과를 추구할 수 있다. 한·일 양국은 저출산과 인구 고령화에 대응한 생산성 향상을 위해 세부 산업 및 품목별로 긴밀하게 협력하는 등 한·일 경제권으로서의 장점을 활용할 필요가 있다. 한·일의 핵심적인 협력 및 분업 체제를 기반으로 한·중·일 협력, 한·중·일+ASEAN 및 인도·서남아와의 협력 체제를 강화하면, 아시아 역내의 공동 번영 경제권, 소비시장의 확대에 주력할 수 있다. 한·일 협력을 통해 아시아 역내의 소비시장, 수입 시장규모의 확대를 유도함으로써 미국 등의 보호주의 유인을 완화하도록 유도할 필요도 있을 것이다. 궁극적으로는 한국과 일본이 힘을 합쳐 한·중·일, ASEAN, 인도 등을 포함한 범아시아 태평양 자유무역 지대 FTAAP(Free Trade Area of Asia-Pacific)의 구축에 협력하면서 보호주의의 확산을 견제하고 개방적인 공급망을 강화하는 것이 경제적 이익이 클 것으로 보인다.

한·일 협력을 기초로 시장이 개방될 경우, 한국 GDP의 부양 효과를 따져봤을 때, 한·중·일 FTA로 0.76%, RCEP 개방도 제고(RCEP+)로 0.87%, CPTPP로 0.92%, FTAAP로 1.15% 상승할 것으로 분석됐다. CPTPP는 관세뿐만 아니라 정부 규제, 노동정책, 공기업, 정부조달, 지적 재산권 보호 등에서 심도 있는 자유화를 추진하는 것이다. 한·일로서는 이러한 상대적으로 높은 레벨의 자유화를 아시아 역내에서 확산하는 것이 유리하며, CPTPP 추진과 함께 한·일의 협력 체제로 RCEP+의 자유화에도 주도력을 발휘하는 것이 유리할 것으로 보인다.

규칙 제정자로, 저비용 파트너로

한·일 경제연대의 실효성은 크게 두 가지로 볼 수 있다. 하나는 글로벌 규칙 추종자(Rule Taker)에서 규칙 제정자(Rule Setter)가 될 수 있다는 것이다. 지금처럼 보호주의가 강화되는 시기에는 주요국들이 자국의 이익에 따라 언제든지 규칙을 바꿀 수 있어서 규

● 경제연대 통해 룰 세터로 전환한다면?

출처 : ChatGTP 4o 생성

칙 추종자인 우리나라는 그들이 만드는 규칙을 계속해서 쫓아갈 수밖에 없다. 이러한 상황은 일본도 마찬가지다. 규칙에 적응해야 하거나 싸울 힘이 있어야만 생존을 담보할 수 있다. 예를 들어, 우리나라가 씨름을 잘하고 있었는데, 주요국이 하루아침에 이제부터 경쟁방식으로 수영을 하자고 하면 우리나라는 수영을 잘하는 법을 익혀야 한다.

그러나 일본과 경제연대를 하면 상황이 달라진다. 이제는 6~7조 달러 규모의 시장을 바탕으로 규칙 제정자 입장에 오를 수 있

● 한일 경제연대 통한 '저비용 구조'로의 전환(규모의 경제 달성)

	기존 독립경제체제(고비용 구조)	연대후 경제연합체제(저비용 구조)
에너지	개별 수입	공동구매 통한 규모의 경제 실현 (수입단가 인하)
첨단산업	소부장~패키징 자체 연구·생산	강점 분야 공동 연구개발 (R&D 비용 하락)
의료	고령화로 의료비 지출↑	의료 인프라·기술·데이터 공유 (의료 비용 절감)
관광	한국 단독 상품 위주	한일 연계 메가 샌드박스식 관광특구 (관광 비용 하락·혁신 실험)
창업	자국내 자원만 활용한 창업	벤처 협력생태계· 인력풀 공유 (창업 분야에서의 규모의 경제)

다. 주요국이 경쟁방식을 씨름에서 수영으로 갑자기 바꾸자고 하면 한·일 경제연대는 경쟁방식을 수영경기로 하는 것이 아니라 '최소한 물속에서 씨름'을 하자고 역제안할 힘을 얻게 된다.

두 번째는 저비용 구조 사회로의 전환 기폭제가 될 수 있다는 점이다. 대한민국은 그동안 독립경제체제를 형성하고 유지해 왔다. 원재료 수입, 가공 및 생산, 수출에 이르는 수출주도형 구조를 통해 협소한 내수규모의 한계를 극복해 왔다. 독립경제체제는 단기간에 의사결정을 통해 빠르게 성장하는 디딤돌이 될 수 있지만, 생산 규모(Scale)나 범위(Scope)를 늘림으로써 비용을 줄일 수 있는 여지에 대한 고민은 항상 있을 수밖에 없다.

한·일 경제연대는 규모의 경제(Economy of Scale), 범위의 경제

(Economy of Scope)를 통한 저비용 구조로의 전환이라는 실마리를 제공할 수 있다. 양국 모두 필요한 에너지의 상당수를 수입해야 하는 구조이고 지정학적 리스크에 따라 변동되는 에너지 가격에 속수무책으로 손실을 감수할 수밖에 없는 상황이다. 한·일 경제연대는 원유, 천연가스 등의 공동구매를 통해 가격협상력을 높여 저렴한 가격에 에너지를 수입할 수 있다. 첨단 산업에서는 한국의 반도체 산업과 일본의 소·부·장처럼 범위를 늘리는 연합 전선도 가능하다.

서비스 분야도 마찬가지다. 한·일은 초고령사회 진입으로 막대한 규모의 의료비용이 예상되고 있다. 한·일 간 병원, 요양시설을 공유하는 것만으로도 상당한 비용 절감이 가능하다. 인바운드(inbound; 해외에서 국내로 들어오는) 관광산업에서도 별도의 관광상품보다 공동 패키지 관광을 통해 비용을 낮출 수 있다.

협력① LNG, CCUS, Super Grid

한국과 일본은 에너지 전환에 있어 비슷한 처지에 놓여 있다. 화석연료 의존도가 높고 재생에너지 환경이 우호적이지 않다는 점에서 두 나라는 각각 단독으로 탄소 중립과 에너지 전환을 진행하는 것보다 에너지 협력을 강화하는 것이 양국에 윈-윈이 될 수 있다. 전통 에너지사업 분야부터 신재생에너지와 탈 탄소 분야까지 다양한 방면에서 충분히 협력할 방안이 필요하다. 또한, 전력

● 2023년 세계 LNG 수입량

순위	LNG 수입량(비중)
1. China	71.2 MT (18%)
2. Japan	66.1 MT (16%)
3. Korea Rep.	45.2 MT (11%)
4. India	22.0 MT (5%)
5. France	21.8 MT (5%)

출처: 국제가스연합

망과 같은 인프라 투자와 활용에서도 서로에게 이익이 되는 방안을 모색해야 한다.

먼저 LNG 공동구매를 생각해 볼 수 있다. 일본은 전 세계 LNG 수입시장의 16%, 한국은 11%를 차지하고 있다. 일본이 세계 2위 고객, 한국은 3위 고객이다. 한·일 경제연합은 세계 1위 고객인 중국(18%)을 앞선 지위를 갖게 된다. 중동산 LNG를 주로 수입하는 현실에서 미국산 LNG는 때에 따라 좋은 관세 협상 카드가 될 수 있다. 미국산은 주로 도착지 제한이 없어서 미국산 LNG 구매 물량의 경우에는 트레이딩을 활성화하고 LNG 탱크나 터미널 효율을 높이는 협력이 가능하다. 러-우 전쟁에서 보았듯이 LNG 가격은 불확실하고 변동성이 커질 확률이 높아서 향후 한·일 양국이 공동비축에 대한 전략적 협력을 하는 것도 좋은 방안이 될 것이다. LNG 분야에서 터미널 건설 또는 공동운영을 포함하여 다양한 형태의 인프라 투자도 가능하고, 공동구매 계약을 통해 협상력을 높이는 방안도 충분히 가능하다.

최근 트럼프 대통령이 종용하고 있는 알래스카 프로젝트에서도 효율적으로 대처할 수 있는 방식이다. 알래스카 LNG 사업은 알래스카 북단의 프루도 베이의 가스전에서 채굴한 천연가스를 1,300km에 이르는 수송관으로 운송해 액화한 뒤 수출하는 프로젝트다. 한·일 입장에선 수송 기간이 대폭 단축되는 반면, 440억 달러에 이르는 막대한 투자비용과 혹한의 여건 때문에 사업성이 좋지 않다는 평가도 있다. 1980년대에는 '저주받은 프로젝트'로, 트럼프에게는 '숨겨진 보물상자'로 여겨지고 있다. 관세 협상의 레버리지가 될지 사업성 없는 프로젝트가 될지 불확실한 상황에서 한국과 일본의 공동 대응은 위험을 분산할 수 있는 하나의 수단이 될 수 있다.

재생에너지 분야의 리더로 나설 수도 있다. 고부가가치 산업을 중심으로 기술협력을 통한 재생에너지 동반자 관계를 통해 거대한 한·일 시장을 지키고 재생에너지 산업의 물결에 동시에 올라타야 한다. 특히 탄소 중립과 에너지 전환은 한국과 일본의 지리적 여건상 매우 불리한 입장이다. 재생에너지의 간헐성과 변동성 때문에 재생에너지가 남아도는 시간대와 지역이 발생할 수밖에 없다. 이 경우, 수소를 생산하여 암모니아로 운송하고, 탈 탄소를 위해 CCUS(탄소 포집; Carbon Capture, Utilization, Storage) 기술을 통해 탄소를 포집하고 저장하고 활용해야 한다. 현재 한국과 일본은 이 분야에서 선진적인 기술을 보유하고 있고 수소 개발 사업과 암모니아 운송 등에 다양한 시너지를 일으킬 수 있다. 암모니아 운반 선박 건조, 액화 수소 개발 사업 등은 이미 한·일 양국 기업들이 가장 앞서 나가고 있다. 자동차산업이나 조선업 등의 시너지까지 가능하기 때문에 에너지 협력을 기반으로 타 산업으로 확대가 가능한 분야이다. CCUS 등도 이미 한국석유공사와 일본 INPEX가 공동으로 개발 협력을 하고 있어서 향후 CCUS 공동 개발 탐사 등을 통해 무탄소 시장에서도 양국 간 공동 협력이 충분히 가능하다.

또한, 한국과 일본은 나라별 단독계통으로 전력을 운영하고 있어서 문제가 발생하면 국가별로 해결해야 하는 매우 큰 단점을 안고 있다. 그래서 과거부터 '동북아 슈퍼 그리드(Super Grid)'라는 개념으로 중국, 한국, 일본을 포함해 몽골까지 이어지는 송전망 연결 프로젝트가 언급되어 왔다. 하지만 국가 간 이견으로 성사되기 어려운 실정인 데다 프로젝트 규모가 크고 이해관계가 얽혀있어 실현되지 않고 있다. 이제는 이러한 문제를 한·일 양국부터 풀어갈 필요가 있다. 이미 2021년 미국 텍사스 대정전, 2025년 스페인 대정전 사건을 통해 단일계통의 한계를 여실히 보여주었다. 근본적인 재생에너지 증대에 있어서 우리와 일본은 단일계통으로 간헐성과 변동성을 보완해줄 대륙 간, 국가 간 송전망이 없는 실정이다. 이런 취약점을 극복하기 위해서는 양국이 공동으로 그리드를 연결하여 전력 교역을 통해 위험한 상황을 상쇄할 방안을 궁극적으로 마련해야 한다. 현실적인 어려움과 사업성에 대한 다양한 의견이 있겠으나, 비상시 전력 회복성과 저렴한 전력 거래, 재생에너지 증가를 보완할 수 있는 거의 유일한 대안이 될 수 있을 것이다. 현재는 논의가 제대로 이루어지지 않지만, 대승적 차원에서 양국이 머리를 맞대고 긴밀하게 협력했을 때 가장 큰 편익이 발생할 수 있는 사업 분야라고 생각한다.

협력② 반도체 + 소·부·장

반도체 산업은 AI 활용을 뒷받침하기 위해 성능 향상 요구가 강해지고 있다. AI 반도체의 구성품인 HBM(High Bandwidth Memory)의 고도화를 뒷받침하는 3D 구조 향상, 각기 다른 기능을 수행하는 여러 반도체 칩을 모아 하나의 칩으로 기능하게 하는 칩렛(Chiplet) 기술 개발 등에서 한국 반도체 기업과 일본 소·부·장 기업의 협력이 중요한 시점이다. 또한, AI의 미래를 바꾸고 디지털(0, 1의 비트) 혁명을 대체하는 차세대 양자기술(0이기도 하고 1이기도 한 양자비트 간에 얽힘 현상 존재) 분야에서 한국과 일본이 서로의 강점을 활용하는 노력이 중요할 것이다.

일본 소·부·장 기업의 대한국 투자·진출을 늘리고, 한·일 및

● 반도체 산업 분야 한·일 협력 모델 예시

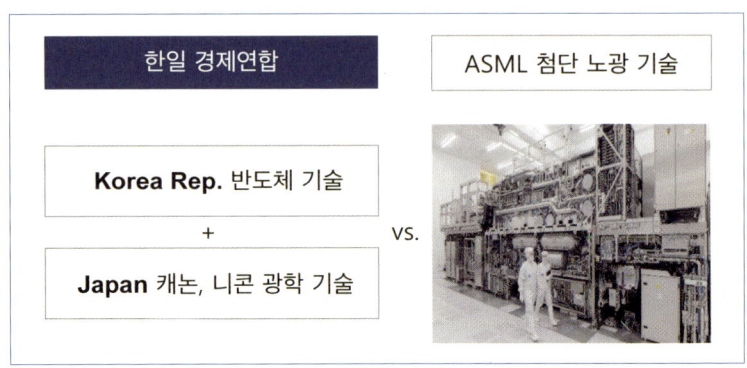

사진출처: ASML 홈페이지

한·미·일 반도체 공급망 강화에 주력하는 일도 중요하다. 지정학적 리스크에 따른 반도체 공급망의 불확실성을 완화하기 위한 한·일의 공급망 협력이 중요한 시점이다. 미국이 시행하는 중국에 대한 첨단 반도체 규제가 범용 분야로 지나치게 강화되어 한·일 양국의 반도체 및 관련 산업에 피해를 주지 않도록 한국과 일본이 협력해 대응하는 것도 중요한 과제일 것이다. 한·일 양국이 각자가 가진 경쟁력을 강화하여 차세대 반도체를 위한 제조 시스템 및 제조 장비의 공동개발을 모색할 수 있다. 특히 첨단 노광 장치의 경우 네덜란드의 ASML이 독점적 지위를 가지고 있지만, 일본에는 여전히 캐논, 니콘 등 기술 잠재력을 가진 기업들이 있다. 이들을 포함한 일본의 각종 소재 및 장비 기업과 한국의 반도체 산업이 협력한다면, 첨단 노광 장치를 포함한 반도체 제조 장비와 신공법 개발에 협력할 수도 있을 것이다.

한·일 간 높은 수준의 협력과 분업을 지향하는 것과 동시에 M&A 원활화를 위한 협력도 중요한 시점이다. 일본은 경영자의 고령화로 후계자가 없는 고기술 중소기업이 많아지고 있다는 과제도 안고 있다. 일본은 AI, 양자기술, 우주, 차세대 통신 분야에서 앞선 기초 기술을 보유하고 있기 때문에 한·일 협력으로 글로벌 경쟁력을 강화하고 산업 규격의 공통화를 주도할 경우 그 의미는 클 것이다. 이들 첨단기술에 관해서는 미국의 대중 규제 강화로 인해 동맹국 공급망이 강화되는 흐름이기 때문에 한·일 및 한·미·일 첨단기술 협력 체제를 강화할 기회가 있다. 이러한 AI, 양자기술 등 첨단기술의 기반이 되는 것은 반도체이며, 한·일 간 반도체와 소·부·장 협력을 강화하면서 차세대 기술의 비즈니스화에 한·일이 협력하는 것이 유리할 것이다.

협력③ 저비용 한·일 의료 인프라, 고성장 한·일 의료 데이터

초고령사회에 접어든 한·일 양국은 의료비 지출 확대로 국가재정까지 부담을 받는 상황이다. 한·일 양국의 의료 분야 협력을 통해 환자들은 가성비 높은 의료서비스를 받고, 의료산업은 인프라를 확대함으로써 다양한 효율성을 높일 것이다.

한국은 2022년 기준 환자 1천 명당 의사 수 2.6명, 간호사 수 4.9명으로 낮은 수준인 데다 상당수가 수도권 지역을 중심으로

포진되어 있다. 실제로 지방으로 갈수록 의사 수는 더 적어지고 의료시설도 심각하게 부족한 상태다. 한국과 달리 일본의 경우 환자가 지역별로 분산되어 있으며, 특정 분야별로 최고 전문 권위를 인정받는 의사도 지역별로 고르게 분포되어 있다. 이뿐만 아니라 일본은 재택 의료도 매우 활성화되어 있어 재택 의료의 초기 단계인 한국으로서는 협력의 이득이 예상된다. 한·일 간 의료 시설과 인프라를 공유하면 양국의 의료서비스 가동률이 제고될 것이다. 건강보험 문제만 해결되면, 비행기를 타고 진료받으러 오는 시대가 성큼 다가올 것이다.

한·일 연대는 의료서비스의 고도화를 촉진할 것으로 보인다. 한·일 양국 의료계는 기존 학술 교류, 연구 교류를 지원하고 활성화하면서 양국 의료의 질 향상에도 주력하는 한편, 상호 인력 교류를 기반으로 한·일 연계 의료 사업도 시도할 수 있다. 즉, 한·일에서 의료서비스를 받은 환자에게 필요에 따라 제휴한 상대국 의료기관을 연계하여 치료 효과를 높일 방안도 가능할 것으로 보인다.

또 앞으로의 의료산업은 헬스케어 데이터 플랫폼을 통해 성장할 것이다. 한국의 병원들은 전자의무기록(EMR)으로 디지털화되어 있고 데이터를 통해 다양한 서비스가 가능하다. 일본 역시 EMR을 뒤늦게 도입하면서 의료 데이터의 통합 및 활용에 눈을 뜨고 있다. 양국 국민이 가진 유전자의 유사성을 고려하면 의약품 개발, 임상시험 등의 과정에서 협력할 수 있다. 한·일 간 의료 협력 기관을 중심으로 각종 의료 데이터 등을 공유하며, 신치료법 및 의약품 개발을 촉진하여 의료산업의 혁신과 효율화를 높일 수 있을 것이다.

양국 간 비대면 진료 협력도 중요하다. 한국은 코로나 기간에 비대면 진료를 경험했지만 사실상 37년간 시범사업만 시행 중인 상태다. 일본도 한국과 비슷한 진통을 겪었지만, 단계별로 제도가 정착되어 가고 있다. 한국은 일본의 시행착오를 바탕으로 비대면 진료의 비효율적 비용을 줄일 수 있으며, 일본은 새로운 시장을 얻을 수 있다. 실제로 지금도 한국의 비대면 진료 스타트업들이 성장을 위해 일본행 비행기에 몸을 싣고 있다.

협력④ 한국의 일본 빌리지, 일본의 한국 빌리지

관광은 쉽게 손을 맞잡을 수 있는 분야다. "한국 관광상품, 일본 관광상품은 있지만, 한·일 패키지 상품은 보신 적 있나요?" 업계의 얘기다. 유럽 내 국가들은 비자 확인 면제로 여행시간을 아낄 수 있게 해주고, 유로패스를 활용해 여러 국가를 방문하는 관광객에게 여행비용을 낮출 수 있게 해준다. 그러나 한국과 일본은 그러한 연계 상품이 없는 실정이다. 현재 한·일 관광상품은 단순히 한국에 왔다가 일본에 가는 정도 수준으로 서로 관광을 유인할 수 있는 수단이 없다. 따라서 외국인이 아시아지역으로 한번 올 때 한국과 일본을 더 많이, 더 오래 방문할 수 있도록 공동 관광패키

● 의료 및 관광 분야 한·일 협력 모델

	현 황	솔루션
의료	인구고령화 → 의료비 상승	의료시설 공유 및 보험연계
관광	한일 연계 상품 부재	공동 비자, 패키지 상품 개발

지 상품을 개발할 필요가 있다.

또한, 행정적으로 뒷받침하기 위해서 한·일 공동 비자발급, 양국의 출입국 관리 사전 디지털 수속 등을 강화하면서 공항 출입국 통과 시간의 최소화에 주력할 필요도 있다. 양국 방문객의 통관 수속 완화와 효율화를 추진하고 평균 통과 시간과 만족도 등을 체크하면서 끊임없이 시간 단축을 위한 아이디어를 개발하고 성과를 올릴 수 있도록 양국 정부 간 협력이 중요할 것이다.

조금 더 들어가면, 한국 내에 일본인 빌리지나 일본인 시티 마련을 생각해 볼 수 있다. 후술하는 메가 샌드박스를 만들 수 있다는 것이다. 최근 K-팝, K-드라마 등 K-콘텐츠의 인기로 일본인의 한국에 대한 호감도가 상승하면서 이 같은 아이디어의 현실화 가능성이 커졌다. 실제로 장기 체류 자격 비자를 받아 한국에 거주하는 일본인이 최근 5년 사이 12%가량 늘었다. 일본에서 근무하는 한국인도 3%가량 늘어난 것으로 분석된다.

일본 빌리지는 일본어가 공용어가 되고 일본식 법과 제도가 통용되는 메가 샌드박스로 생각해 볼 수 있다. 아직은 국내에 법제화되지 못한 비대면 진료 등과 같은 혁신 사례를 미리 볼 수 있는 공간이 될 수 있다. 문화적으로도 앞서 산업화에 성공한 '스시' 문화 등은 K-문화의 시금석이 될 수 있다.

협력⑤ '원격'으로 일구는 한·일 청춘 창업

한·일 양국은 전기·전자, 자동차, 화학, 철강, 기계 등 기존 제조업의 고부가가치화, 디지털 혁신, 그린 이노베이션, 바이오 혁명 등을 성공시킨 대표적인 제조업 국가들이다. 하지만, 새로운 혁신 비즈니스를 개발하지 못하면 성장잠재력의 약화가 불가피한 상황이다. 이러한 상황에서 한·일 양국의 벤처기업을 활성화하기 위해 양국의 벤처기업 간 교류와 함께 양국 대기업과 벤처기업 간의 협력 생태계를 강화하는 것이 유리하다. 벤처기업의 신기술이나 새로운 시도가 성공하고 사업을 확장하기까지는 적지 않은 시행착오와 자금이 필요하다. 한·일 양국의 대기업과 벤처기업 간 협력과 투자의 생태계를 확장하는 것이 유리하다.

특히 한·일 경제연대를 통해 벤처, 스타트업의 고용 부분 협력을 도모할 필요가 있다. 국경을 넘어선 인력 시장의 유연성 확보 또한 중요한 전략이라고 할 수 있다. 이는 국내 기업이 글로벌 인재를 유치하고, 국내 인재가 해외 시장에서 활동할 기회를 확대하는 것을 의미한다. 특히, '원격근무' 기술의 발전과 보편화는 물리적인 이동 없이도 전 세계의 뛰어난 인재들이 자유롭게 아이디어를 교환하고 혁신적인 가치를 창출할 수 있는 기반을 제공하고 있다.

이러한 국제적 인력 교류 활성화를 위해서는 국가 간 워킹 비자 제도의 상호 간소화, 특정 기술 분야 인재를 위한 공동 프로그램 운영, 원격 근무자의 법적 지위 및 사회보장 관련 국제 협력 강화 등 제도적 뒷받침이 필수적이다. 실제로 유럽연합(EU) 내에서의 자유로운 노동 이동 보장은 회원국 간 인재 교류를 활발하게 만들고, 다양한 국적의 인재들이 모여 혁신적인 아이디어를 사업화하는 데 중요한 역할을 해왔다. 이는 유럽 내 다수의 스타트업 허브가 성장하는 데 긍정적인 영향을 미친 것으로 평가된다.

또한, 에스토니아의 '전자 시민권(e-Residency)' 제도는 전 세계의 기업가들이 에스토니아에 법인을 설립하고 EU 시장에 접근할 수 있는 디지털 플랫폼을 제공함으로써, 국경 없는 기업 활동과 글로벌 인재 유입을 촉진하고 있다. 이 제도는 에스토니아를 디지털 혁신의 선도국가로 발돋움하게 하는 데 기여했으며, 특히 IT 기반 스타트업 생태계를 활성화할 것으로 기대된다.

인접 국가인 일본과 양국 벤처 생태계 간의 인력 교류를 활성화하고, 한국의 IT 분야 인재와 일본의 첨단 소재 및 부품 분야 인재들이 공동으로 프로젝트를 수행하거나 상호 기업에 참가할 기회를 확대하는 것을 고려할 수 있다. 이는 양국 기업에 새로운 시장과 기술에 대한 접근성을 높일 수 있게 해주고, 인재들에게는 다양한 경험과 경력 개발의 기회를 제공한다. 기업은 인재를 얻고, 고용된 청년은 해외에 나가지 않고 본인 나라에서 시차 없이, 문화적 갈등 없이 일할 수 있게 된다. 이처럼 특정 국가와의 협력을 시작으로 점차 그 범위를 넓혀나가는 방식은 국제적인 인적 자원 네트워크를 구축하고, 이를 통해 국내 벤처기업의 성장과 글로벌 경쟁력 강화를 도모하는 효과적인 전략이 될 수 있다.

한·일 연대의 선결과제 '정경분리'

한·일 경제연대를 위해서는 '정치'와 '경제'를 분리해야 하는 과제가 있다. 한·일 양국은 1965년 국교 정상화 이후 교류를 확대하여 서로 경제적인 이익을 증진해 왔다. 한국은 해방 이후의 혼란 속에서 한때 최빈국으로서의 시련을 겪기도 했다. 하지만 한·일 국교 정상화 이후 한국은 수출주도 경제성장 전략으로 경제성장과 산업의 고도화를 달성해 이제 일본의 1인당 소득을 능가할 정도로 발전했다. 국교 정상화 이후 일본의 엔 차관이나 일본 기술자의 지원으로 한국은 제조업 현장에 빠르게 선진기술을 도입할 수 있었고, 일본은 이러한 한·일 교류를 통해 소재, 부품, 장비 등 산업의 고도화, 일본 기업의 해외투자 경험 축적을 통한 글로벌 경영 역량을 강화할 수 있었다. 한·일 경제 관계는 처음부터 상호 경제적 이익이 큰 윈-윈의 관계였다. 이러한 관계를 기반으로 한·일 양국은 최근에도 보호무역주의의 대두, 산업의 탈 탄소화, 디지털 혁신 대응이라는 공통의 과제를 해결하기 위해 실리를 기반으로 협력할 수 있는 파트너 관계에 있다.

그러나 이러한 경제적 교류의 합리성에도 불구하고 양국 간 역사적인 마찰 등에 기인한 정치적인 갈등 요소가 경제 협력을 방해할 수 있다는 우려가 있는 것도 사실이다. 그동안 한·일 경제교류의 확대 추세가 이러한 정치적 갈등으로 억제되어 한·일이 가질 수 있었던 경제 협력의 기회와 과실을 놓치기도 했다. 특히 한국 경제 전체 차원에서 중요한 CPTPP 가입에 관해서는 농산물 등의 피해를 예상한 반대의 목소리와 함께 일본산 수산물의 수입 규제 완화가 걸림돌이 될 수 있다. 이러한 정치적 마찰 요소가 확산하지 않도록 하기 위해서는 한·일 경제 협력이 경제적 이익과 과학적 분석을 기반으로 상호 이익 증대 차원에서 합리적으로 이루어지도록 주력하는 것이 중요하다. 이러한 경제적 실리와 우호를 기반으로 한·일 협력을 확대하기 위해서는 각 산업계, 학계, 시민단체 등에서 한·일 협력의 기반을 강화할 필요가 있을 것이다. 특히 2025년은 한·일 수교 60주년을 기념하여 여러 가지 행사를 준비해 한·일 우호 관계를 강화할 수 있는 호재가 있다. 이러한 기회를 활용하면서 사회 각 분야에서의 한·일 협력 체제를 공고히 하여 한·일 공동 번영에 대한 공감대를 강화하는 노력도 중요하다.

역사 문제 등 정치적 갈등과 경제 협력 분야의 분리, 즉 정경분리가 중요하지만 한·일 간 과거사 등 갈등 요소가 많은 부분에서 상대방의 입장을 알고 우리나라의 주장을 설득하는 등 상호 이해 증진에 주력하는 자세도 중요할 것이다. 유럽 각국이 가장 첨예하게 대립했던 석탄 및 철강 공업지대에서의 영토 문제를 역내 협력의 첫 대상으로 삼은 사례를 참고하면서 한·일의 대립 영역에서 서로 윈-윈할 수 있는 방안을 모색할 필요도 있다. 한·일 공동 역사 연구 및 학회 교류를 국제적으로 활성화하면서 학술적 측면에서 근대사, 고대사 등에 관한 학계의 공감대를 형성하고 양 국민의 역사 인식의 격차를 줄이는 노력도 필요하다.

이와 함께 정부 정책의 일관성을 지키고 상호 신뢰를 강화하는 것도 중요하다. 역대 정권이 구축한 신뢰 위에 협력 관계를 더욱 축적하도록 노력해야 할 것이다. 보호무역주의 강화, 지정학적 리스크의 확대 속에서 각국이 경제안보를 강조하는 시대가 되었으며, 경제력을 정치적으로 활용하고 또한 이러한 정치력으로 경제적 이익을 노골적으로 추구하기도 한다. 중규모 개방적 경제 수준인 우리나라로서는 무엇보다도 국익을 기준으로 일본과의 관계를 강화하는 자세가 중요하다. 반도체를 비롯한 전략 물자를 통해 지정학적 방어 수단을 확보하고 우리나라의 전략적 불가결성을 강화하기 위해서는 일본의 소·부·장 산업을 포함한 한·일 협력이 생존과 직결되는 과제라는 인식이 중요한 시점이다.

Chapter 3
500만 명 해외인재를

– 강동관, 김창욱 –

"외국인 근로자들의 유입은 국내시장에 필요한 노동력을 보완함으로써 생산증대에 의한
GDP 증가, 소비에 따른 내수진작 효과 등이 나타난다"
"조건부 그린카드, 정주 여건 개선 등 해외시민에게 매력도 높일 방안이 필요"
"젓가락으로 콩을 집어 올리기보다는 삽으로 한 번에 해외시민을 퍼올 수 있게
첨단 산업 내 해외 기업의 공장을 국내에 유치하는 것을 제안한다"

소비 공동화, 두뇌 공동화 현상

한국은행은 최근의 경제 성장률 하락이 '소비(최종소비지출)와 투자(총자본형성)가 GDP 성장률에 이바지하는 수준이 하락하였기 때문'이라고 밝혔다. 민간소비는 처분가능소득, 소비성향, 생산가능인구 등이 중요한 결정요인으로, 지속적인 경제성장을 위해 소비-투자-생산-고용-소득 사이의 경제적 선순환이 형성되어야 한다고 강조했다(한국은행, 2017).

이는 수출 중심의 경제성장에서 탈피해 투자와 소비중심의 경제 선순환이 형성되어야 한다는 것을 의미한다. 소비증가는 투자를 통해 생산을 증가시키고 고용을 증가시켜, 한 나라 전체의 구매력, 즉 내수확대 효과를 끌어내기 때문이다. 물론 소비자가 만족할 만한 제품을 생산·공급해야 한다는 전제조건이 붙는다. 소비자의 지갑을 열 수 있는 다양하고 새로운 제품의 아이디어와 생산성 제고를 위한 적극적인 재정, 금융 정책도 필요하다(한국은행, 2017).

내수의 총량은 인구의 증감에 따라 영향을 받는다. 인구가 고정되어 있다고 가정하면 경제성장에 의한 소득 및 소비증가에 의한 내수 증대를 기대할 수 있다. 하지만 경제성장에 의한 내수 증대 효과는 인구 감소(소비인구)로 밀어내는 효과, 즉 구축 효과(crowding out effect)가 커질수록 감소할 수밖에 없다. 특히 우리나라의 경우 인구 보너스 시대를 지나 인구 오너스(Demographic Onus) 시대에 접어들었다는 점을 고려하면 투자와 소비를 정책적으로 늘린다고 할지라도 인구감소에 따른 구축 효과가 내수 진작의 폭을 줄일 가능성이 크다. 따라서 경제성장에 의한 내수 증대와 인구감소에 따른 내수변화를 예측해서 이를 반영하는 경제체제를 구축하고 미래 노동시장의 혼란도 대비하여야 한다.

인구 구조변화를 통계로 살펴보면, 우리나라의 연간 출생아 수는 1972년 100만 명 이하로 떨어지기 시작해 2023년에는 23만 명까지 감소하였다. 합계출산율은 1970년 4.53명에서 1984년 1.74명, 2018년 0.98명, 2023년에는 0.72명까지 계속 하락해 왔다. 반면 한국 인구의 기대수명은 1970년 62.3세에서 2023년 83.5세로 약 21년 늘어났다. 수명의 증가로 사망자 수가 더디게 증가하였음에도 불구하고 출생자 수가 큰 폭으로 감소함에 따라

● 우리나라 합계출산율 추이

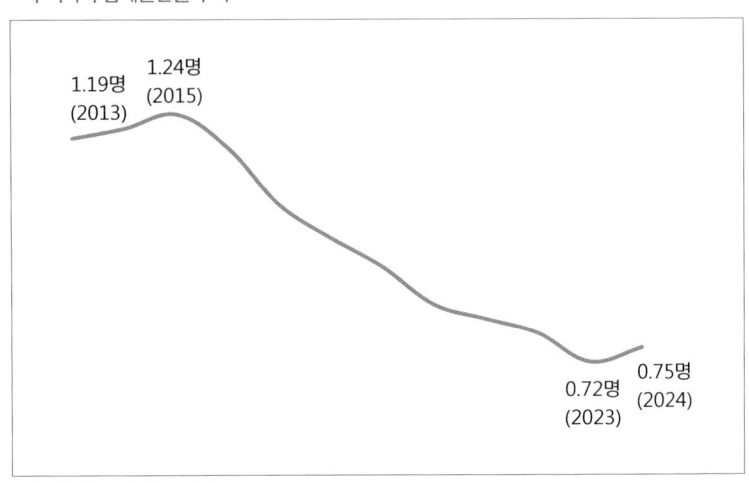

출처: 통계청

인구의 자연증가가 계속 감소해 2020년 이후에는 출생자 수보다 사망자 수가 많아지기 시작하였다.

이러한 인구구조 변화는 장·단기적으로 노동시장, 생산, 소득 및 소득 재분배는 물론 내수에 지대한 영향을 미쳐, '투자와 소비 증대'-'생산 및 고용 증대'-'소득 증대'-'투자와 소비증대' 사이 경제적 선순환을 어렵게 하고 있다.

저출산은 3가지 측면에서 경제에 부정적 영향을 미친다.

첫째, 생산과 내수의 감소다. 우리나라 인구는 2020년을 정점으로 감소하고 있고, 생산가능인구(15~64세)는 2017년을 정점으로 거의 매년 40만 명씩 감소하고 있다. 생산가능인구 감소에 의

한 노동 공급의 감소는 재화 및 서비스 생산과 소비 감소를 유발해 경제성장을 둔화시키고 경쟁력을 약화한다. 또한, 장기적으로 자본축적과 노동생산성을 하락시켜, 잠재성장률과 정부의 재정지출구조에 악영향을 준다. 한 보고서에 따르면 '생산가능인구 1% 감소 = GDP 0.59% 감소'라는 등식이 성립한다고 한다. 이를 인구구조 변화에 대입하면 2050년 국내 GDP는 2022년 대비 28.38% 줄어든다. 2022년부터 2050년까지 연평균 약 1.18%씩 GDP가 감소한다(한국경제연구원, 2024).

둘째, 인구감소와 고령화에 따른 소득 재분배와 형평성 문제다. 우리나라의 65세 이상 고령 인구 구성비가 빠르게 변하고 있다. 세계에 유례가 없을 정도다. 통계청에 따르면 우리나라는 고령사회(전체 인구대비 65세 이상 노인 비율이 14% 이상인 사회)를 2017년에, 초고령사회(20% 이상인 사회)를 2025년 2월(20.3%)에 이미 진입했고, 2030년에는 25.0%, 2040년에는 33.9%의 더 심각한 초고령사회가 될 것으로 전망된다.

그 결과, 고령화로 인한 부양비율(생산연령인구 100명당 부양인구)이 2016년 36.2에서 2025년 43.9, 2058년에는 101.2로 높아질 것으로 예측된다. 이로 인해 장기적으로 연금 및 복지재정 부담(대표적으로 국민연금과 건강보험)과 의료 및 돌봄 시스템의 과부하 등이 생산가능인구, 특히 임금노동자에게 전가될 것이다. 즉, 연금, 세금, 복지 비용 등의 부담자와 수혜자 간 형평성 문제가 발생할 것이고, 이에 따른 조세저항도 일어날 수 있어, 사회적 갈등 비용 또한 증가할 수 있다. 아울러 이러한 문제에 대비해 청년기 및 중장년기 세대는 자신의 소득 일부를 저축하고 소비를 줄이게 되어, 내수가 감소하게 될 것이다.

셋째, 인구감소 및 지방소멸과 연관된 것으로 지방 교육 인프라의 공급과잉 문제가 있다. 2024년 현재 우리나라에 총 409개 대학(223개 대학, 142개 전문대학, 44개 대학원대학)이 있고, 총 입학 정원은 46만1천 명(대학 31만4천 명+전문대학 14만4천 명+대학원대학 3천 명)이다(대학알리미). 입학 정원이 현재와 같고, 2024년 출생자들이 2042년에 모두 대학에 입학(100%)한다고 가정하면 22만3천 명, 80%가 진학한다면 약 27만 1천 명이 정원에 미달한다. 당연히 지방의 공공 및 민간 부문에서 교육 관련 인적·물적 인프라에 대한 내수가 감소하고 공급과잉으로 인해 지방대학이 몰락하면서 지역 경제·사회에 미치는 타격은 실로 엄청날 것으로 예상한다. 유학생을 적극적으로 유입해야 하는 이유가 여기에 있다.

한국인 고급두뇌는 해외로

또한, 인구의 양적 부분이 아니라 질적 부분에 대해서도 고민이 필요하다. 우리나라는 저출산이 심화하는 가운데 고급두뇌가 해외로 빠져나가고 있는 문제도 있다. 우수한 이공계 인재, 특히 석

·박사급 고급인력의 해외 유출은 한국 산업경쟁력의 잠재적 약화 요인으로 작용하고 있다. 국내에서 우수한 성과를 거둔 인재들 상당수가 미국, 유럽, 일본 등 선진국의 연구기관이나 글로벌 테크 기업으로 진출하고 있으며, 이렇게 빠져나간 이들 중 많은 수가 유학 또는 해외 취업 이후 국내로의 복귀 없이 현지에 정착하는 경향을 보인다.

실제로 과학기술정보통신부가 발표한 '이공계 학생 유출현황'에 따르면 최근 10년간(2013~2023년) 해외로 떠난 이공계 인재가 37만 명을 넘어섰다. 특히 그 중에서 석·박사급 고급 두뇌가 10만 5,000여 명으로 나타났다. 이공계 학부생을 비롯해 석·박사 고급두뇌들이 매년 3~4만 명씩 우리나라를 떠나고 있다. 이 기간 초중고·대학 학령인구는 약 940만 명(2013년)에서 730만 명(2023년)으로 210만 명(22.3%) 감소했다. 매년 학령인구는 감소해도 해외로 떠나는 이공계 3만~4만 명의 고정층은 줄지 않았다.

미국이 고급인력에 부여하는 영주권인 취업비자를 봐도 우리나라 두뇌 유출이 심각함을 알 수 있다. 미국 국무부에 따르면 2023년 고급인력 취업 이민 비자인 EB-1·2를 발급받은 한국인은 5,684명으로 인도(2만905명), 중국(1만3,378명), 브라질(1만1,751명)에 이어 네 번째로 많았다. 하지만 인구 10만 명당으로 환산하면 한국은 10.98명으로, 대표적 인구대국인 인도(1.44명)와 중국(0.94명)을 10배가량 앞질렀다. 일본의 EB-1·2 승인은 1,066명

● 2023년 미국이 발급한 EB-1·2 비자

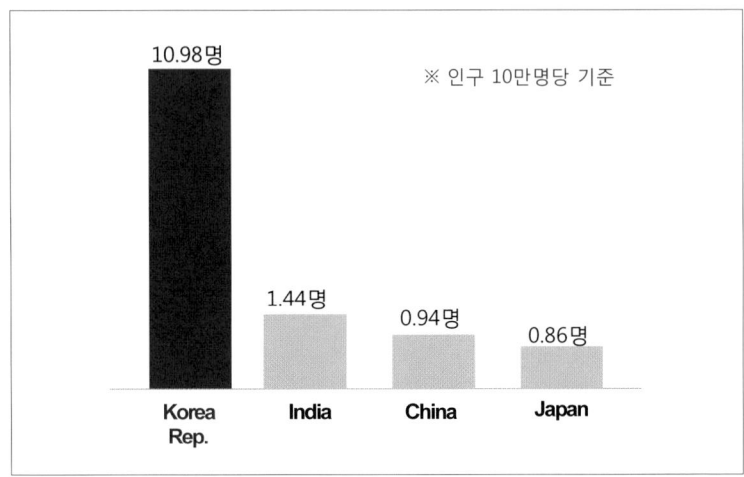

출처: 미국 국무부

으로 한국의 5분의 1 수준이다.

    인구감소에 따른 다양한 문제를 해결할 방법은 무엇이 있을까? 인구구조에 미치는 주요 요인으로 출산율, 사망률, 그리고 외부로부터의 인구유입 즉 이민을 들 수 있다. 이 중에서 사망률은 정책적으로 통제할 수 없다는 점을 고려하면, 재고 가능한 정책은 출산율 제고 및 이민자 유입정책이다. 하지만 출산율 역시 쉽게 통제할 수 없다는 사실을 이미 우리는 경험하고 있다. 따라서, 인구구조 개선을 위해서는 이민자 유입정책이 유일한 대안이 될 수밖에 없다(강동관, 2021).

지구촌은 '인재영입' 줄다리기 중

우리나라는 1991년 '해외투자업체 연수제도'를 시작으로 다양한 취업이민제도를 도입하고 있다. 출입국외국인정책본부에 따르면 체류 외국인은 코로나가 본격적으로 전파되기 이전인 2010~2019년간 연평균 6.3%(8만1천 명)씩 증가해 2019년에는 250만 명 이상의 외국인이 체류했다. 코로나 여파로 2021년에는 200만 명 이하로 감소했지만, 이후 증가해 2024년 5월 말 기준 총 체류 외국인은 265만1천 명으로 장기 체류 외국인은 204만2천 명, 단기 체류 외국인은 60만9천 명이다. 앞으로도 이들의 유입은 증가할 것이다.

따라서 생산성을 높이고 내수를 진작시키기 위해 어떠한 외국인을 유입해야 할 것인가는 이민정책의 중요한 이슈일 수밖에 없다. 이러한 유입의 선택 기준은 이민자들이 국내 경제·사회·문화 등에 미치는 편익과 비용에 따라 결정되어야 할 것이다. 이는 곧 국내 경제성장, 생산성 제고, 내수확대에 최대한 이바지하되(편익), 노동시장과 사회적 갈등의 최소화(비용)를 만족하는 이민자의 선발과 유입을 의미한다.

이민자 유입에 있어 해외 고급인재는 언제나 1순위에 해당한다. 해외 고급인재의 경제적 효과(생산, 소비, 재정 등)는 상대적으로 높고, 노동 대체 탄력성은 이민자의 교육수준이 높거나 숙련자일수록 낮고 고소득 국가 출신일수록 낮다. 이에 해외에서는 지속

● 주요 국가의 이민자 비율 변화추이(2002~2019)

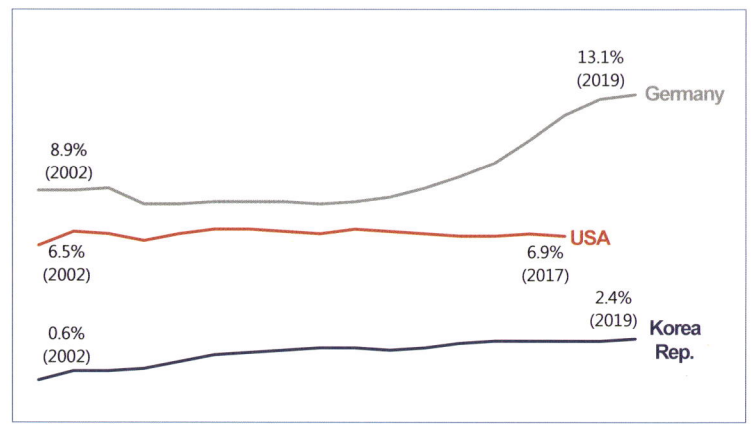

출처: OECD

적인 경제성장과 경쟁력 강화를 위해 고급인재들을 적극적으로 유치하고 영주를 허용하는 정책을 펴고 있다.

　미국의 경우 고급인재 유입을 위해서 O-1, EB 계열, H-1B 등 비자제도를 활용하고 있다. O-1은 과학, 예술, 교육, 비즈니스, 스포츠 분야에 특출난 인재를 위한 추천 비자이고, EB 계열은 과학, 예술, 교육 등에 탁월한 능력 보유자 및 다국적 기업 임원(EB-1) 고학력자(EB-2)에 대한 영주비자이다. H-1B는 학사 학위 이상 소지자로 전문지식이 필요한 직종에 종사하고자 하는 외국인에 대해 후원자(sponsor)를 조건으로 매년 85,000명 쿼터(일반전형 65,000명 + 미국 석사 이상 전형 20,000명)가 주어지는 제도다. STEM 분야(IT, 엔지니어링, 과학, 수학 전공자)의 신청자는 우대받으며, 최대 6년까지 연장 가능(기본 3년 + 3년 추가 연장)하고, 영주권을 신청할 수 있다.

미국 정책재단(National Foundation for American Policy)이 미국 상위 AI 기업 43곳을 조사한 결과, 조사 대상 기업의 창업자(공동창업자 포함) 중 65%가 이민자 출신이며, 42%가 외국 유학생 신분으로 미국에 입국한 것으로 밝혀졌다. 또한, 현재 미국 내 AI 분야를 전공하는 대학원생 중에서 유학생이 차지하는 비중이 70% 이상이다. 미국은 미국 내 대학에서 STEM 분야 졸업 후 취업프로그램 OPT(Optional Practical Training)에 22개 전공을 추가하는 한편 교환·연수 J-1 비자의 미국 취업 기간을 기존 1년 6개월에서 3년으로 확대(2022년)하였다. 바이든 대통령은 2023년 10월 30일 AI 행정명령에서 "미국의 혁신은 글로벌 인재유치에 달렸다"라고 강조하며 관계부처에 AI 개발자 및 STEM 전공자를 위한 취업비자 제도 간소화를 지시했다(조선일보, 2024). 이는 자국 내 유학생을 적극적으로 활용하려는 제도다.

중국의 전문인력 유입정책은 공식적으로 2007년 '인재 강국 전략' 이후로 볼 수 있다. 시진핑(習近平)은 '천하의 영재를 모아 쓰자'라는 구호를 내걸고 전 세계의 인재를 모아 중국에서 그 능력을 발휘하겠다는 뜻을 밝혔다. 중국은 2018년에 외국인 인재 비자 제도 시행 방법(SEFEA, Ministry of Foreign Affairs of China, Ministry of Public Security of China)을 시행하면서, 비자의 유효

기간을 5년으로 늘리고, 인재 비자에 대한 최저임금 요건을 없앴다. 천인계획(千人計劃)과 백인계획(百人計劃)이 이 시기에 나왔고, 2021년 1월의 '인재 발전 전략(2021-2035)'에서는 인재육성 및 유치를 중요한 전략으로 지정하였고, 비자발급 절차 간소화 및 온라인 비자 신청 등의 정책을 펼치고 있다(Deng Tingfu, 2023).

EU는 외국 고급인력, 전문인력을 활용하기 위해 블루카드(Blue Card) 제도를 시행하고 있다. 기존 EU 회원국 평균임금의 1.5배 이상을 요구했던 고용계약서 상의 최소 연봉 기준을 낮추고, 1년 이상이었던 고용계약 기간 기준을 6개월로 단축하는 등 외국 전문인력 활용을 높이기 위하여 블루카드 발급기준을 완화해오고 있다.

일본은 외국인 노동자 유치를 위하여 체류 자격 확대, 체류 기간 연장, 전문직 유치 목적의 제도 개선을 지속해서 추진해 왔으며 추세는 입국 기준 완화, 숙련 전문인력 유치 강화로 나타나고 있다. 1990년 체류 자격 정비를 시작으로, 2010년 '기능 실습 제도', 2012년 '고도 인재 점수 제도', 2019년 '특정 기능 제도' 등을 도입하였다. 2016년에는 '일본판 고도 외국인재 그린카드' 제도를 신설하여 이들이 영주권 취득에 필요한 기간을 단축하는 예외 조항을 마련하였다. 2018년 이후에는 외국인 유치를 목적으로 하는 중장기 계획 수립 및 로드맵을 작성하여 부처 간 역할과 추진 과제 및 방향을 제시하고 있다. 2019년 법무성의 외청으로 '출입

● 주요국 해외인재 유치 제도

	고급 인재 유치 제도 주요 내용
USA	고급 해외인재 위한 취업비자 제도 활용 (EB, H-1B 등) 과학기술 분야 졸업자의 취업프로그램 전공분야 확대
China	전문인력 유치계획 (천인계획, 백인계획) 고급 해외인재 비자 유효기간 확대, 최저임금 요건 폐지 등 완화
EU	고급 해외인력 활용 위한 블루카드(Blue Card) 제도 시행 - 고용계약서 연봉기준 인하, 고용기간 기준 축소
Japan	'고도 외국 인재 그린카드' 제도 신설해 영주권 취득요건 완화 '출입국재류관리청' 설치해 외국인 유치 정책, 기획, 관리 기능 확대

국재류관리청'을 설치하였고, 외국인 유치를 위한 정책, 기획, 관리 기능을 확대하였으며, 2023년 4월 기존의 '고도 인재 점수 제도'를 개선하여 체류 요건 기간을 단축하는 '특별 고도 인재 제도'와 세계 유수 대학 졸업자 유치를 목적으로 '미래 창조 인재 제도'를 신설하였다.

우리나라 역시 해외 인재를 유입하기 위해 노력해왔다. E 계열 전문 비자뿐만 아니라 점수제 등을 통한 전문 비자 전환, 패스트트랙 특별비자(F-2-7S) 제도(2002년) 등을 도입하여 외국인 과학기술 인재의 국내 체류를 확대하기 위해 노력 중이다. 하지만 국가 매력도 및 취업 매력도가 경쟁국들보다 상대적으로 낮아 세계적인 인재유치 경쟁에서 절대 유리하지 않다. IMD에 따르면 고급두뇌 유출 지수(2022년 기준)[1]는 주요 63개 국가 중 33위로 평균값을 겨우 웃도는 4.81(10점 만점)이었고, 해외 고급숙련인력 유인지수(2022년 기준)[2]는 4.15로 49위였다(IMD, 2022). 첨단분야 인력수요와 외국인 인재유치 전략을 수립하고, 이를 바탕으로 제도 측면(비자제도, 이민제도 등), 정주 여건(인프라, 사회보장 혜택 등), 문화 측면(수용성, 개방성 등) 등에 대한 민간과 정부의 대대적인 개선 노력과 정책적인 지원이 필요한 이유이다(류석현, 2023).

유입정책에 있어 가장 많은 논란이 되는 대상은 비전문(비숙련) 외국인력이다. 2024년 5월 말 현재 국내에는 약 46만 명(일반고용허가제 325,959명+방문취업 97,837명+계절 노동자 36,292명)의 비전문 외국인 노동자들이 국내에서 경제활동을 하고 있다.[3] 고용허가제는 노동시장의 보호와 내국인 보완성 원칙, 단기취업 및 순환방식의 비정주 원칙, 시장 수요 따른 정부의 고용허가 원칙, 차별금지의 원칙 등을 기본으로 하고 있다. 이러한 비전문인력정책에 대해 '도입 총량제', 외국인력 공급체계 확보, 시장 수요 원칙 및 '고용부담금제도', 구인노력 기간과 조건 재고려, 외국인 '고용 일몰제', 비전문인력 배정의 지방 및 뿌리 산업 안배 등 다양한 정책이 제안되었다 (강동관, 2021; 이규용 외, 2007, 2022; 정기선 외 2011; 최

---

1. 고등 교육을 받은 인력이 국외로 유출되는 정도를 0~10 척도로 나타냄. 0에 가까울수록 유출이 많음을 의미.
2. '국가 기업환경이 해외 고급숙련인력에 매력적이다'라는 문항에 대해 0~10 척도로 응답. 고급숙련인력 유인도가 높으면 10.

경수 외 2017).

하지만 가장 중요한 것은 이들의 정주화 방안이다. 특히 '성실재입국제도' 하의 외국인 노동자들을 정주화 할 수 있는 제도적 보완이 필요하다. 이들은 내국인과 경쟁하는 노동자로 보기 힘들다. 이미 한 분야에서 계속해서 10년간 취업해왔다면 이들의 노동 공급은 이미 국내 노동시장에 내재화되었다는 증거이기 때문이다. 오히려 10년간 숙련 과정을 거친 인력을 정주시킴으로써 부족한 인력의 보완은 물론 생산성 제고와 내수확대, 나아가 국내 인구구조와 지역 소멸에 긍정적인 효과를 거둘 수 있다. 아울러 이들에 대한 체류·정착지원, 경제활동 범위 제한 완화, 가족 방문 및 취업 허용, 거주·영주 혜택 등 보다 더 적극적인 정주형 이민 정책이 필요해 보인다(강동관, 2021).

유학생 도입은 정치, 외교, 경제, 문화 사회 등 여러 방면에서 편익이 존재한다. 즉 저출산에 의한 학령인구 부족에 직면하고 있는 대학의 현실을 고려할 때 유학생의 유입은 절대적이다. 교육 인프라 수지 개선(학교 재정수입 증대 이외에 기업의 인력 공급 및 생산가능인구의 확보), 내수확대, 해외 인적네트워크 구축과 확대, 학문의 국제화와 경쟁력 제고, 다양하고 이질적인 문화의 공유와 세계화

---

3. '일반고용허가제'는 2004년에 도입된 외국인 취업제도로 현재 17개국과 협정을 통해 비전문 노동자를 유입하고 있는 제도임. '특별고용허가제도(방문취업제도)'는 재외동포의 비전문 취업비자 제도로 2007년 3월에 고용허가제도에 흡수되어 시행되어 오고 있음.

등의 편익이 존재하는 외국인 유학생을 적극적으로 유치하여야 한다(강동관, 2021).

국내 산업계가 우수 인재 확보를 위해 이미 세계시장으로 채용 풀을 넓히고 있는 현 시점에, 국내에서 유학 중인 외국인 우수 이공계 인재를 적극적으로 활용하는 것은 중요한 대안이 될 수 있다. 한국교육개발원의 2022년 교육통계에 따르면, 국내 석사·박사과정 대학원생 총수는 333,907명이며 이중 외국인 유학생은 총 43,815명으로 전체 대학원생의 13%를 차지한다. 이공계 대학원으로 한정하면, 이공계 대학원생 총 90,198명 중에서 외국인 유학생은 총 8,597명으로 전체의 9.5% 수준이다(한국교육개발원, 2022). 국내 자원과 기술을 투입하여 양성한 외국인 이공계 유학생들은 상대적으로 우수한 한국어 소통 능력, 국내 연구실 경험과 프로젝트 수행 등으로 한국문화에 대한 적응도는 높고, 한국 정착에 필요한 비용은 낮은 편이다. 더욱이 한국에 취업하여 경험을 쌓고 싶어 하는 열망도 있으므로 국내 고급 이공계 인재 공급의 대안으로 고려할만한 충분한 가치가 있다(류석현, 2023).

따라서 대학은 학내 어학교육, 생활·법률·취업정보 제공, 취업 관련 기관 연계 등 외국인 유학생 적응을 위한 시설을 지원하는 한편, 정부는 우수 유학생의 대학 내 취업 지원, 졸업 후 취업 구직 비자 및 체류 기간 연장 지원, 인턴 확대, 채용박람회 상설 및 지역 확대, 기업과의 취업 연계 모색(광역 비자 등) 등 다양한 프로그램

개발에 힘써야 한다(강동관, 2021).

더불어 생산성을 높이고 내수를 확대하기 위해 기초산업, 뿌리산업, 인구소멸지역에 대해 장기 취업을 조건으로 거주, 영주권 쿼터 제도 등을 고려해 볼 필요가 있다.

국적제도 개선을 통한 재외동포 포섭도 인구구조 개선에 도움이 될 것이다. 방문취업제 하에 유입되어 거주하고 있는 재외동포는 이제 9만8천 명에 지나지 않는다. 하지만 2023년 기준으로 해외에 거주하고 있는 재외동포는 708만1천 명에 이른다(통계청, 2025). 정부는 이들의 국내 역이민에 대해 적극적인 관심을 가져야 한다. 즉 국내 생산과 내수확대를 유도하기 위해서 그들의 능력과 축적된 자본이 국내에서 활용될 수 있도록 정부가 적극적인 역이민 정책을 시도해 볼 필요가 있다.

투자 이민 유치도 더 적극적으로 이행되어야 한다. 우리나라의 투자 이민은 '부동산 투자이민제도'와 '공적 투자이민제도'로 분류할 수 있다. 두 제도는 기본적으로 실업률이 높고, 인구소멸이 진행되는 지역을 대상으로 지역개발과 지역 기업을 지원함으로써 일자리 창출, 생산 및 소비확대, 재정수입 증가 등 지방 노동시장과 지역 경제에 긍정적인 역할을 할 수 있도록 방향이 설정되어야 할 것이다(강동관 외, 2016).

해외시민 500만 명이 들어온다면?

외국인 근로자 유입의 장점은 국내시장에 필요한 노동력을 보완함으로써 생산증대에 의한 GDP 증가, 소비에 따른 내수진작 효과와 재정효과 등 여러 방면에서 나타난다. 문화 다양성에 의한 사회적 편익도 존재한다. 물론 외국인 근로자의 고용이 국내 근로자들의 일자리 잠식, 내국인 근로자의 임금과 근로조건 악화, 문화 다양성에 의한 사회적 비용 상승 등의 부정적인 효과도 상존한다. 하지만 지금까지의 연구 결과는 부정적인 효과보다는 긍정적인 효과가 크다는 것을 보여준다.

미국의 경우, 숙련 및 비숙련 외국인 노동력이 각각 3% 증가할 때 각각 GDP의 1.46%, 0.85% 증가하고, 일본의 경우 각각 GDP의 1.46%, 0.89% 증가한다고 한다(Walmsley, Winters and Ahmed, 2007). 호주의 경우, 숙련 및 비숙련 노동력이 각각 1.5% 증가할 때, GDP가 각각 0.4%, 0.3%, 뉴질랜드의 경우는 각각 0.39%, 0.19% 증가한다고 한다(Walmsley, Ahmed and Parsons, 2009). 재정적 효과에 관한 연구도 있다. 호주의 경우, 재정적 효과를 검토한 결과 1천 명의 영주권자가 발생하면 1년 후에는 340만 달러, 5년 후에는 580만 달러, 10년 후에는 770만 달러, 20년 후에는 8.4백만 달러의 재정적 편익이 발생한다고 보고하고 있다(Access Economics, 2008). 적법과 불법에 관계없이 이민자가 증가하면 일자리 창출, 고용, 소득(임금, 배당금, 자본) 및 내국인의 복지가 향상

한다는 연구도 있다. 이민으로 인해 미국 노동력이 5% 증가하면 미국인들의 소비를 1.4~2.2% 증가시킨다는 것이다. 미국 국립 과학연구원에 따르면, 미국 중소도시에 500명의 고숙련 이민자가 추가 유입될 경우, 10년 동안 2억8천만 달러의 GDP 증가 효과를 가져올 수 있는 것으로 분석됐다(Tareque, Inara S., Jorge Guzman, and Dan Wang(2024)).

한국의 경우, 2008년 외국인 근로자 531,522명(전문직 59,771명, 단순노동 471,751명)의 총생산 유발 효과는 25조4,640억 원(우리나라 총산출액의 0.93%), 부가가치 유발 효과는 8조2,324억 원(우리나라 총부가가치의 0.82%)이 될 것으로 추정하고 있다. 외국인 근로자의 고용이 각각 5~20% 증가하면 총고용은 0.24~0.83%, 실질 민간소비와 실질 수출은 각기 0.07~0.23%, 0.21~0.72% 증대하고, 총 조세수입도 0.04~0.13%, 실질 GDP는 0.12~0.42% 증가함과 동시에 산출량 역시 0.12~0.43% 증가할 것이라고 한다(강동관 외, 2010). 경제성장이 없고 소득 및 소비 수준이 불변한다는 가정과 통계청의 장래인구 추계 가정에 따라 2050년까지 해외로부터 도입해야 할 생산가능인구는 얼마나 될까? 2024년 국내 생산가능인구(3,632만 7,585명) 기준으로 단순 추계하면, 매년 평균 약 44만 명이 필요하고, 2050년까지 필요한 총 유입인구는 약 1,146만 명으로 이는 전체 생산가능인구의 31.9%이다. 필요한 해외 근로자를 유입할 때, 가능한 한 고급인재(전문, 숙련 인재)의 비

● 우리나라 생산가능인구 추이

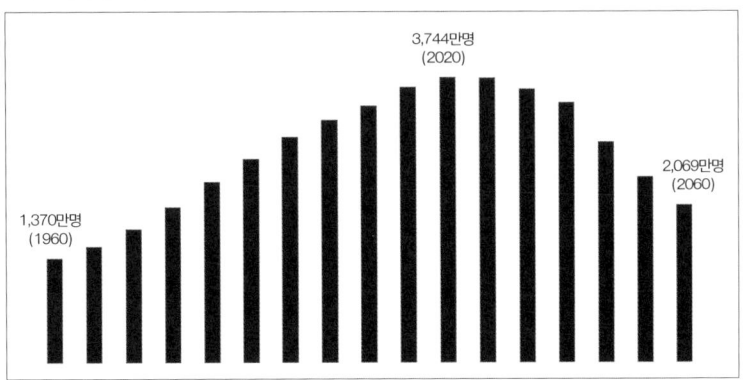

출처: 통계청

율이 높아지도록 해야 한다. 고급인재가 미치는 경제적 효과가 비전문(비숙련) 외국인력보다 당연히 크기 때문이다.

노동시장에 전혀 영향을 미치지 않고, 가구소득 4~5분위에 속하는 해외 가구, 총인원 500만 명이 도입되어 정착한다고 가정해보자. 이들의 소비와 가족 구성원을 내국인과 같은 수준⁴이라고 가정하면, 이들의 총소비는 74.1조 원~ 92.7조 원에 이를 것으로 추정된다. 임금을 생산에 대한 대가로 간주하면, 직접 생산 효과는 134.5조 원~211조 원으로 추정된다. 생산 유발효과, 부가가

---

4. 4분위와 5분위의 평균 가구소득은 각각 월 634.2만 원과 1,119.9만 원, 소비지출은 각각 349.7만 원, 489.8만 원, 가족 구성원 수는 각각 2.83명, 3.17명임(통계청 보도자료, 2024년 4/4분기 가계동향 조사 결과)

● 500만 명 해외시민 유치의 경제적 효과

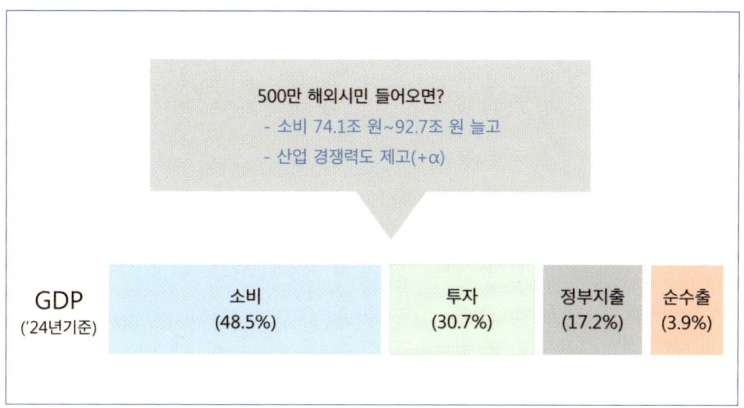

치 유발효과, 고용효과 등도 아울러 생긴다. 비소비지출(근로소득세, 재산세, 자동차세, 보험료 등)은 정부의 세입을 증가시켜 정부의 지출을 증가시킨다. 이에 더해 고급 해외 인재들이 우리나라 주요 산업에 종사하면 산업경쟁력 제고라는 +α 효과까지 얻을 수 있다.

일자리 잠식과 관련해 노동 대체 탄력성을 연구한 결과를 보면, 대부분의 연구는 외국인 근로자가 내국인 근로자들을 대체하더라도 외국인 근로자의 국적, 내국인 근로자의 특성, 외국인 근로자의 합법성 여부 및 기타 요인 등에 따라 차이는 있지만, 그 대체 수준은 낮다(강동관 외, 2010). 특히 이민자의 교육수준이 높거나 숙련자이거나 고소득 국가 출신일수록 노동 대체 탄력성이 낮다는 연구 결과는 차후 국내 이민정책에 반영할 필요가 있다. 이상의 기존 연구에 따르면 외국인 근로자들의 유입은 국내시장에 필요한 노동력을 보완하고, 생산은 물론 내수 진작에 커다란 효과가 있다. 따라서 우리가 마주하고 있는 인구절벽 문제를 타개하고, 국내 생산의 증대와 내수확대를 위해 적극적인 이민자 유입이 불가피하다.

방안① 조건부 그린카드로 새로운 납세자를

이제 고급 해외 인재를 어떻게 유입할지 방안을 생각해 보면, 먼저 독일의 사례를 참고해 '조건부 그린카드' 제도를 고려할 필요가 있다. 독일의 그린카드는 해외 IT 인재를 유치하기 위해서 2000년 8월에 도입되었다. 당시 독일은 IT 산업에서 다른 국가들에 뒤처져 있었는데, 이를 만회하기 위해 외국인 IT 전문인력의 유입과 도움이 필요하다는 위기의식이 높았다. 그린카드 제도는 3년 이내에 5년 기한의 노동허가를 최대 2만 명의 IT 전문인력에게 교부한다는 것을 골자로 한다. 정보통신기술 관련 업종에만 그리고 유럽연합 이외의 지역에서 오는 제3국적 소유 외국인에게만 한정적으로 그린카드가 교부되었다. 그린카드 제도는 본래 2003년 7월 31일까지 시행하기로 되어 있었으나, 독일 내각 결의에 의해 2004년 말까지로 연장됐다. 독일 내 첨단산업 분야 전문인력이 부족했던 상황에서 외국인들이 기업들의 수요를 맞춰주는 역할을 하였으며, 이 제도를 활용해서 2004년까지 유럽연합 밖의 국가들로부터 17,931명의 전문기술자가 독일로 이주했다

● 조건부 그린카드 통한 해외인재 유치

출처: ChatGPT 4o 생성

(Bundesagentur für Arbeit, 2004).

　독일은 '그린카드' 제도를 도입해 우수 IT 인재들을 유입했는데, 이들은 최소 5만1천 유로 이상의 연봉을 받았다. 이 당시 독일의 소득세는 30% 안팎으로 해외 인재 1인당 1만 유로 이상의 세금을 납부했으며, 소비액의 16%만큼 부가가치세도 냈다. 그린카드를 활용한 해외 고급인재의 유입은 독일이 당시 부족했던 IT 산업 경쟁력 제고뿐만 아니라 납세와 소비를 통한 경제발전에도 이바지한 측면이 있다.

　이 제도를 우리나라에 접목한다면, 우리나라에 와서 일하고 소득을 얻고, 납세하는 해외 인재를 우리 사회가 환영하고 해외인재가 우리나라에서 일할 수 있는 인센티브를 제공한다면 국적을 주지 않고도 유치할 방법이 될 수 있다. 또한, 더 많은 고급인재가 한국에 와서 일할 수 있도록 소득과 상관없이 일정한 세금만 내는 정액세(lump sum tax) 체계도 고려할 수 있을 것이다.

방안② 글로벌 정주 여건 조성

고급두뇌들과 그 가족이 우리나라에 정착하기 위해서는 정주 여건 조성이 필수적이다. 이민자 유입을 위한 사회 및 제도적 지원사항으로는 첫째, 이민자 사회통합을 들 수 있다. 행안부에 따르면, 2024년 5월 현재 상주 인구는 161만2천 명, 2021년 기준 다문화 가구는 34만6천 가구(결혼이민자 82.4% + 기타 17.6%)다(여성가족부, 2022). 한편, 다문화 가구의 증가와 더불어 다문화 학생과 중도 입국 외국인 학생 수도 점증하고 있다. 이들의 증가와 더불어 내외국인 간 갈등이 증가하면 경제·사회적 비용이 커지게 될 것이다. 따라서 이민자 사회통합을 통해 문화 다양성에 대한 본질을 이해하고, 서로 소통함으로써 내외국인 간 갈등을 해소하고 공존과 공생을 넘어 서로 성장·발전해 나아가야 한다.

두 번째는 이민정책을 총괄적으로 운영할 수 있는 추진체계가 필요하다. 추진체계는 이민정책을 운용하는 거버넌스로, 이것이 효율적으로 움직이지 않는다면 유입정책과 사회통합정책은 사상누각일 수 있다. 우리나라의 경우 '이민정책'이라는 이름조차 부처별 특성에 따라 개별적인 이름을 갖고 있다.[5] 그 결과 이민정책에 대한 개념의 혼동은 물론 정책의 수립, 시행, 평가 등이 체계적으로 이루어지지 못하고, 예산이 중복되거나 비효율적으로 편성되고 있다. 따라서 외국인 체류와 국경관리, 산재해 있는 이민정책과 이민자 사회통합 정책의 수립 및 전달체계를 일원화하고, 국내외 환경변화에 선제적으로 대응하고 해결하기 위한 하나의 추진체계, 즉 '이민처(청)' 설립이 필요하다.

셋째, 지역 불균형의 해소, 즉 지역의 균형발전이다. 이민정책이 미시적인 측면의 정책이라면 지방의 균형발전과 경제·사회·문화 등에 대한 인프라 구축은 거시적인 측면의 정책이다. 따라서 지역의 균형발전, 즉 지역의 특성을 기반으로 경제·사회·문화적 수준을 발전시켜 지역 간 격차를 해소하고, 모든 지역이 비슷한 수준의 삶의 질을 누릴 수 있게 함으로써 수도권 집중 문제와 저출산 고령화 문제를 해결해야 한다. 내국인이 거주하려 하지 않는 지역에 외국인이 거주할 리 만무하다. 입국 조건에 의해 초기에는 지방에 머물겠지만, 이러한 조건이 해소되거나 거주 혹은 영주권을 얻게 되면 내국인과 마찬가지로 수도권 혹은 광역 도시로 이주하게 될 것이다. 이렇게 특정 지역으로 몰릴 경우, 집값 상승, 교육·의료시스템 부담 등 다양한 부작용을 일으킬 것이다. 지역의 불균

---

5. 예를 들면 법무부는 이민정책의 모든 영역을 아우르는 '외국인(이민) 정책', 행정안전부는 상주 이민자(외국인 주민) 중심의 '외국인 주민 정책', 고용노동부는 외국인 인력 수급 중심의 '외국인력 정책', 여성가족부는 결혼이민자 중심의 '다문화 가족 정책', 교육부는 다문화 교육과 유학생 중심의 '다문화 교육정책'으로 부르고 있다.

형이 존재하는 한 이러한 현상은 계속 되풀이될 것이고, 이는 결국 지역 소멸 가속화로 이어질 수밖에 없다. 한 조사결과에 의하면, 지역 불균형 해소를 위해 어떤 정책이 필요할지를 물은 결과, '지역 산업 진흥을 위한 투자와 개발'이라는 응답이 31%로 가장 많았고, '대기업의 지방 이전'(28%), '지방의 교통체계 정비'(26%) 등이 뒤를 이었다. 지역 산업에의 투자와 대기업 지방 이전을 통해 고용 창출은 물론 균형발전에 대한 기대가 반영된 것으로 보인다.

방안③ 큰 삽 전략 – 글로벌 팹 유치

해외시민을 유입시키기 위해서는 생활 만족도 개선, 국가 정책 보완, 정주 환경 구축 등이 당연히 필요하지만, 이는 점진적으로 해외시민에게 매력도를 높여가면서 유입을 늘리는 방식이므로 결과적으로 시간이 오래 걸린다. 이런 식의 '젓가락으로 콩을 집어 올리는' 방안보다는 삽으로 해외시민을 한 번에 떠올 수 있는 전략이 필요한 시점이다. 한 가지 방안은 첨단 산업 내에 해외 기업의 공장을 국내에 유치하는 것이다. 특히 반도체 팹은 고도의 기술력과 전문인력이 동시에 요구되는 시설로, 한 번에 다수의 해외시민(특히 첨단기술 및 연구 분야의 인재)을 유입시킬 수 있는 창구 기능을 할 수 있다.

최근 다른 국가들의 사례를 보면, 내수 활성화와 동시에 반도체 공급 안정성을 확보하기 위해 다른 나라 반도체 회사를 자국으로 유치하여 반도체 팹 건설을 추진하고 있다. 해외시민을 단기간에 대규모로 유입하는 '큰 삽' 전략인 셈이다.

예를 들어, 일본은 대만의 TSMC 팹을 구마모토에 유치하면서 1천 명 이상의 엔지니어를 일본으로 파견해 기술이전과 팹 운영을 진행하기로 했다. 독일은 드레스덴에 미국의 인텔 팹을 유치해 500명 이상의 엔지니어와 관리자가 독일에서 근무하고 있는 것으로 알려졌다. 이 숫자들은 노동 인력만을 집계한 수치로, 해당 인력의 가족이 함께 체류하는 경우까지 포함하면 전체 유입 인원은 3~4배에 이를 수 있다.

물론 기업마다 방침은 다르겠지만, 반도체 팹 구축 초기에는 비교적 많은 본사 인력이 해외로 파견되었다가 일정 기간 후 본국으로 복귀하는 경우도 있다. 그러나 반도체 산업의 특성상 단순 생산직(오퍼레이터)은 현지 인력으로 충원하더라도, 기술 엔지니어는 대부분 본사에서 파견된 인력이 최소 3년에서 길게는 10년 이상 장기 체류하며 운영을 담당하는 것이 일반적이다. 이들은 일정 기간 후 본국 복귀 시, 후속 인력으로 교체되는 순환 구조를 가지기 때문에 해당 국가에는 지속해서 해외 인력이 머무르는 효과가 있으며, 이러한 구조는 결과적으로 해외시민 유입 효과를 크게 만드는 요소로 작용한다.

최근 들어 반도체 패권전쟁이 시작되면서 미국의 TSMC, 삼성 파운드리 팹 유치, 프랑스의 스위스 ST마이크로일렉트로닉스 유

● 주요국의 외국기업 반도체 팹 유치 사례

	주요 내용
USA	대만 TSMC 애리조나 (650억$) 한국 삼성전자 텍사스 (370억$), SK하이닉스 인디애나 (39억$)
Japan	대만 TSMC 구마모토 (2조 9천억¥) 미국 마이크론 히로시마 (5천억¥)
Germany	미국 인텔 드레스덴 (300억€) 대만 TSMC 드레스덴 (100억€)
France	스위스 ST마이크로일렉트로닉스·미국 글로벌파운드리스 (57억€)

출처: 언론 취합

치 등 반도체 팹 유치 경쟁이 치열하다. 이처럼 해외 팹 건설은 단기간에 대규모 해외 인력 유입과 기술이전을 실현하는 입증된 모델로, 생활 만족도 개선, 복지 및 정주 환경 마련을 통한 점진적 인력 유입 방식과 달리 한 번에 큰 효과를 기대할 수 있는 전략이 될 수 있을 것으로 보인다.

그러나 현재 한국은 해외 반도체 팹이 존재하지 않을 뿐 아니라, 해외 반도체 팹을 유치하려는 노력도 없다. 반면, 앞서 언급했듯 미국, 유럽, 일본 등 많은 국가에서는 해외 반도체 팹 유치를 위해 막대한 노력을 기울이고 있다. 미국의 경우, 'CHIPS Act'를 통해 반도체 칩 제조에 필요한 보조금과 세제 혜택을 대규모로 지원하고 있다. 이 법은 해외 기업이 자국 내에 반도체 팹을 건설할 때

수십억 달러에 달하는 보조금을 지급하여 해외 본사 인력과 기술을 빠르게 이전시키는 데 기여한다. 또한, 유럽도 반도체 칩스 법을 도입하여 해외 기업의 팹 건설 시 일정 금액 범위 내에서 지원금을 지급하는 등 적극적인 국가 주도의 정책을 펼치고 있으며, 이러한 정책들은 이미 2022년부터 시행되어 해외 반도체 팹 유치를 통한 대규모 인력 유입과 기술이전 효과가 입증되고 있다.

반면, 한국은 국가 차원의 보조금 제도나 인센티브 정책에 대해 이제야 본격적인 논의 단계에 접어들어 다른 나라에 비해 최소 3년 이상 늦은 상황이다. 이로 인해 이미 해외 반도체 팹 유치 선점 경쟁에서 밀렸을 뿐 아니라, 국가 차원 보조금 지원 정책도 경쟁력이 낮아 해외 반도체 팹 유치 및 이에 따른 해외시민 유입이 쉽지 않은 형국이다.

일본 정부는 대만의 TSMC가 일본 구마모토에 반도체 팹을 건설하도록 유치할 때 정부, 금융기관, 수요처(SONY, Denso 등)와 긴밀히 협력하는 방식을 활용했다. 먼저, 일본 정부는 '보조금+정책 지원'을 통해 TSMC의 초기 설비투자 비용 부담을 최소화했고, 이에 더해 도요타 그룹의 부품 계열사 SONY, Denso 등은 반도체를 필요로 하는 기업들이 함께 참여하여 팹 운영 및 생산 제품의 안정적 수요를 보장해 주었다. 이를 통해 TSMC는 'Japan Advanced Semiconductor Manufacturing(JASM)'이라는 합작법인을 설립, 5조 엔 규모의 투자 계획을 확정하고 기술 인력 1천 명 이상을 대만 본사에서 파견해 최소 3년 이상 현지에서 기술 이전과 팹 운영을 담당하게 했다. 이처럼 일본은 정부 – 수요기업 – TSMC(공급기업)의 삼각 협력을 통해 단기간에 첨단 반도체 팹을 유치하고 해외 인력의 대규모 정착 효과를 얻을 수 있었다.

한국도 유사한 방식으로, 정부 차원에서 해외 반도체 기업을 대상으로 보조금과 인센티브 패키지를 마련해야 한다. 단순히 "오세요" 수준이 아니라, 미국, 유럽처럼 보조금 규모와 세제 혜택을 구체화하고, 반도체 생산 과정에 필요한 에너지·용수·인프라 등을 국가가 책임지겠다는 메시지를 확실히 전달할 필요가 있다. 어떤 반도체 기업이 한국과 시너지를 낼 수 있을지, 한국 내 기존 산업의 '시장 잠식 효과'는 없는지 사전에 충분히 검토해야 한다.

다음 단계로는, 일본의 SONY, Denso처럼 한국 내에서 반도체를 안정적으로 소화할 잠재 수요 기업(전자·전장·통신 기업 등)과의 협업 구조를 확립해야 한다. 공급기업(해외 반도체 팹)과 수요기업(한국의 제조사 등)이 함께 투자 리스크를 분담하고, 일정 물량을 장기적으로 보장해 줄 수 있는 시스템을 갖춰야 해외 반도체 기업이 안심하고 한국에 팹을 세울 수 있다. 이후 정부와 수요기업이 협력하여, 선정된 목표 기업을 유치하는 작업을 본격화해야 한다. 이 과정에서 핵심은 투자 보조금 및 세제 지원, 인프라 조성, 인허가 프로세스 간소화 등이다. 국가 차원에서 얼마나 파격적인 패키지를 제시하느냐에 따라 해외 반도체 기업이 한국을 택할 동기가 확실히 달라진다. 상기 제언을 바탕으로, 한국이 해외시민 정착을 위한 견고한 기반을 마련하여 전 세계 우수 인재들이 한꺼번에 유입될 수 있는 발판을 마련하기를 기대한다.

Chapter 4
소프트한 수출 전환이 필요한 때

– 임진, 강경남, 최규완 –

"글로벌 마켓이 하나였던 시대엔 좋은 물건을 만들어 잘 팔면 성장이 가능했는데,
이런 방식이 더 이상 작동하지 않게 되었다"

"전략적 해외투자를 통해 본원소득수지를 개선하고, 한식의 산업화를 통해
글로벌 락인(Lock-in)을 꾀하는 등 '소프트머니'로의 피벗(Pivot)이 필요하다"

한·일 수출입 손익계산서 전격 비교

국제수지는 여러 세부 항목으로 구성된다. 이 중에서 '돈 줄'의 흐름을 나타내는 수지는 경상수지(Current Account)다. 즉, 일상생활에서 상시 일어나는 거래(상품 매매, 도급, 용역, 증여)를 통해 발생한 외화의 유출입을 말한다. 경상수지는 상품수지, 서비스수지, 본원소득수지, 이전소득수지의 네 가지로 분류된다.

우리나라가 경상수지에서 본격적인 흑자 기조를 나타내기 시작한 시점은 1998년이다. 이후 경상수지는 매년 흑자를 이어왔는데, 이는 주로 상품수지의 지속적인 흑자에 기인해 왔다. 즉, 서비스수지, 본원소득수지에서 만성적인 적자가 발생했음에도 불구하고, 상품수지의 견조한 흑자가 이를 상쇄하면서 우리나라의 경상수지는 안정적인 흑자 구조를 유지할 수 있었다. 상품수지 흑자는

● 우리나라 직접투자 및 증권투자소득 추이

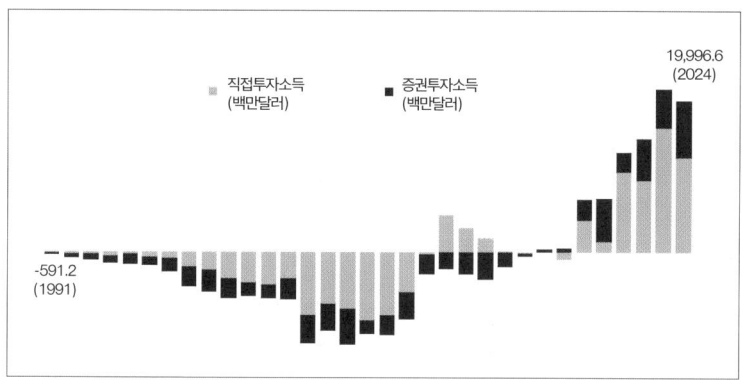

출처: 한국은행

우리나라의 경제성장을 뒷받침할 외화자금을 안정적으로 확보하는 데 기여하였으며, 대외적으로는 국가 신인도 제고와 통화 가치의 안정성 유지에도 중요한 역할을 했다.

반면, 한국의 서비스수지는 2000년부터 2024년까지 약 25년간 매년 적자를 기록하였다. 1990년 이후 우리나라의 직접투자소득과 증권투자소득 추이를 보면, 우리나라가 해외투자로부터 벌어들이는 소득이 기조적으로 흑자로 전환된 것은 2019년부터다. 직접투자소득은 2012~2015년 동안 흑자를 보이기도 했으나 본격적인 흑자로 전환된 것은 2021년이다. 2000년 중반 해외직접투자가 크게 늘어난 이후 약 10년 만에 직접투자수지가 흑자를 기록한 것이다. 증권투자소득 또한 그동안 적자를 기록하다가

2019년에 흑자로 전환하고 2020년 코로나 이후 지속적인 흑자를 기록하고 있다.

물론 최근 들어 본원소득수지가 흑자로 전환되고 있는 점은 고무적이지만, 여전히 한국은 상품 수출에 의존한 경제성장을 이어가고 있다. 지금까지 우리는 이 상품수지를 주요 관심사로 여기며, 이것이 흑자냐 적자냐가 주요한 관심사였다. 하지만 글로벌 무역구조의 변화와 한국경제의 구조적 한계를 생각하면 상품 수출 위주의 성장 전략은 더 이상 유효하지 않아 보인다. 이것이 서비스수지나 본원소득수지 위주의 경상수지 관리를 '선진국형'으로 부르는 이유다.

2020년 이후 코로나19 팬데믹, 러시아-우크라이나 전쟁, 그리고 트럼프 행정부의 재출범으로 인해 글로벌 공급망의 불안정성이 증가하고 무역 환경의 불확실성이 증폭되고 있다. 글로벌 시장이 하나였던 시대에는 좋은 물건을 만들어 잘 팔면 성장이 가능했는데, 이런 방식이 더 이상 작동하지 않게 되었다. 오히려 상품수지 흑자가 크게 날수록 관세 부메랑을 맞게 될 가능성만 커지게 된 셈이다. 특히 트럼프 2기 정부는 강화된 미국 우선주의 기조 하에 경제정책 전반에 큰 변화를 예고하고 있어 수출의존도가 높은 한국에 부담이 되고 있다.

대외적 충격뿐 아니라 한국의 수출 구조 자체도 큰 문제다. 최근 20년간 한국의 10대 수출품목을 보면 컴퓨터, 영상기기가 제

● 최근 20년간 한국 10대 수출품목 비교

	2005년	2024년
1위	반도체	반도체
2위	자동차	자동차
3위	무선통신기기	석유제품
4위	선박	석유화학
5위	석유제품	철강판
6위	컴퓨터(OUT)	선박
7위	석유화학	자동차부품
8위	철강판	디스플레이(IN)
9위	자동차부품	무선통신기기
10위	영상기기(OUT)	가전제품(IN)

출처: 무역협회 수출통계

외되고 디스플레이, 가전제품이 새로 진입한 것 외에는 아무 변화가 없다. 지난해 1위였던 반도체는 2005년에도 1위였고, 자동차도 순위변동이 없다. 시장이 크게 변화하고 새로운 산업이 성장하고 있는데, 글로벌 시장을 새롭게 개척할 수 있는 혁신 제품을 내놓지 못하고 있는 것이 현실이다.

　제조업의 채산성 악화도 점점 가속화되고 있다. 제조업 매출영업이익률을 보면, 30년 전만 해도 1만 원을 팔면 830원 남았지만, 지금은 1만 원을 팔아도 320원밖에 수익이 나지 않는 구조다. 원자재 가격 및 생산비 상승에 따른 결과다. 산업혁신의 지체와 글로벌 무역질서의 변화에 따라 이제 하드웨어 수출만을 가지고는 성장하기 어려운 상황이 되었다. 이제 상품수지를 넘어, 경상수지 전체를 볼 필요가 커졌다.

이러한 가운데, 일본의 경상수지 변화는 우리 경제에 중요한 시사점을 제공한다. 1990년, 일본은 해외 고수익 자산에 대한 투자를 대대적으로 확대하여 대외 순자산이 큰 폭으로 증가하였으며, 그 결과 2000년대에 들어서서 투자소득수지가 크게 확대되었다. 해외투자를 통해 자본소득 확대가 이루어지면서, 무역수지 감소에도 불구하고 지속적인 경상수지 흑자가 가능해졌다. 이제는 보호무역 확산으로 인해 수출 중심의 경제성장이 어려워질 가능성에 대비하여 상품 수출에 과도하게 의존하지 않는 새로운 성장 전략이 필요한 때이다.

예컨대 영국은 금융과 문화 산업을 중심으로 한 견고한 서비스 수지 흑자를 기록하고 있다. 일본 정부도 2006년 고이즈미 준이치로 총리 내각 하에서 경제산업성과 내각부가 중심이 되어 경제정책 방향을 무역 흑자에 의존하는 '수출 대국'에서 투자수익 확보를 목표로 하는 '투자 대국'으로의 전환을 선언한 바 있다. 이에 일본은 2024년 3조6,602억 엔(약 242억 달러) 무역수지 적자에도 불구하고 이자, 배당, 임금 등 명목으로 해외에서 벌어들인 돈을 뜻하는 본원소득수지가 40조4052억 엔(약 2,677억 달러)을 기록한 덕분에 경상수지는 29조3,719억 엔(약 1,942억 달러) 흑자를 냈다. 일본의 본원소득수지는 같은 기간 우리나라(266억 달러)의 10배 정도 수준이다. 수출주도형 경제성장을 추구하던 일본이 과도

● 2024년 한·일·영 경상수지 비교

	Korea Rep.	Japan	UK
경상수지	990.4	1,942.6	-966.3
상품수지	1,001.3	-242.5	-2,887.3
서비스수지	-237.0	-183.5	2,475.0
본원소득수지*	266.2	2,677.3	-320.2
이전소득수지**	-40.2	-308.7	-233.8

* 본원소득수지 : 해외 수취 임금, 해외 투자소득 및 이자 배당 등
** 이전소득수지 : ODA, 해외단체 기부금, 국제기구 출연금 등

(단위: 억달러)

출처: 한국은행, 일본 재무성, 영국 통계청

한 수출의존성에서 탈피하려는 모습을 보이는 것을 교훈 삼아야 한다.

영국의 서비스수지 위주의 관리도 눈여겨볼 만하다. 2천5백억 달러 규모의 상품수지 적자를 서비스 수지 흑자(2천1백억 달러)로 상당 부분 감당하는 것을 볼 수 있다. 한때 제조업 강국으로 불리던 영국은 금융, 유통, 관광을 통해 서비스 수출을 늘리고 있다. 수출주도형에서 벗어나 서비스수지 흑자 기조 강화를 통한 선진국형 경제구조로 전환했음을 의미한다.

우리나라도 앞으로 단순 상품 중심의 수출에서 벗어나 적극적인 해외투자, 지식재산권, K-컬처 육성을 통해 '소프트머니'를 확보해 나갈 필요가 있다.

소프트머니 경제학

상품수지는 수출입 가격과 물량 변화에 대한 탄력성이 매우 높다. 상품에 전적으로 의존하는 경상수지 흑자는 글로벌 경기에 민감하게 반응할 수밖에 없는 불안정한 구조인 셈이다. 특히 우리나라는 반도체, 자동차, 석유화학 등 일부 주력 품목에 대한 수출의 존도가 높아, 수출 대상국의 경기 상황이나 개별 산업의 사이클 변화에 따라 상품수지가 크게 영향을 받는 문제를 안고 있다. 대표적인 예로 반도체는 가격 변동, 재고 수준, 기술경쟁력 등 요인에 따라 수출 실적이 매년 큰 차이를 보이는데, 이는 상품수지 전체에 중대한 영향을 미친다. 여기에 더해, 주요 교역국의 경기 침체, 산업정책의 전환, 그리고 글로벌 보호무역주의의 확산 등 외부 요인이 복합적으로 작용할 경우, 수출 변동성이 한층 심화하여 국내 경제 전반에 부정적인 영향을 미칠 수 있다.

이러한 경상수지 구조상의 취약성을 보완하기 위해서는 서비스수지와 본원소득수지의 완충적 역할을 강화할 필요가 있다. 서비스수지는 상품수지에 비해 상대적으로 경기 변동에 대한 민감도가 낮다. 의료관광, 교육, 금융서비스 등은 경기 침체기에도 수요가 일정 수준 유지되는 특성이 있으며, 엔터테인먼트 콘텐츠, 소프트웨어 등은 글로벌 수요의 꾸준한 증가가 기대되는 분야로 평가된다. 따라서 서비스수지 부문이 강화될 경우, 상품수지 변동에 따른 경상수지의 급격한 변화가 완충될 수 있다. 일본, 독일 등 주

● 글로벌 상품 및 서비스 교역 추이

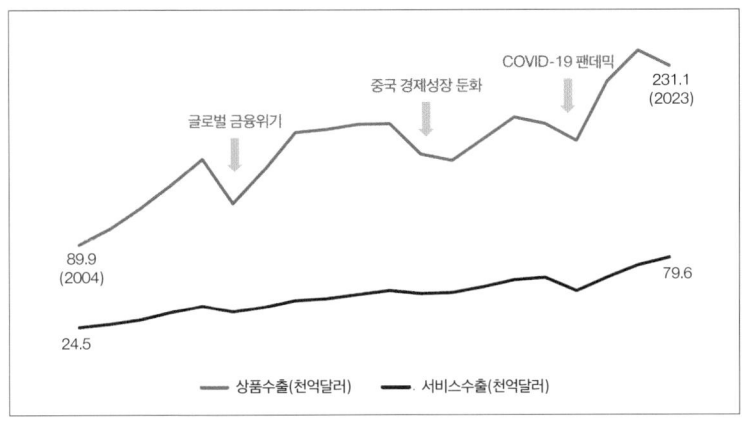

출처: IMF, World Bank

요 제조업 중심국들은 상품수지 흑자에 더해 고부가가치 서비스 수출 확대를 전략적으로 추진하고 있으며, 이는 경상수지의 안정성 제고에 기여하고 있다. 이러한 측면에서 우리나라도 서비스수지 개선을 위해 특허, 프랜차이즈, 저작권, 엔터테인먼트, 기술 및 경영 자문 서비스 등 소프트파워 기반의 수출 역량을 강화할 필요가 있다.

본원소득수지 또한 경상수지 구조상의 취약성을 보완할 수 있는 중요한 수단이다. 본원소득수지, 특히 그중에서도 투자소득수지는 자산 기반의 수익구조를 가지기 때문에 상품수지와는 다소 독립적인 흐름을 보일 수 있으며, 장기적으로는 경상수지의 안정적 흑자 유지에 기여할 수 있는 중요한 요인이 된다. 물론 투자소득수지 또한 글로벌 경기 변동의 영향을 완전히 배제할 수는 없다. 외국에 투자한 주식, 채권, 부동산 등의 자산은 투자 대상국의 경기 상황에 따라 수익률이 달라질 수 있기 때문이다. 특히 해외 직접투자의 경우, 투자수익이 현지 투자기업의 경영 실적에 직접적으로 의존하기 때문에 경기 둔화 시 기업 수익이 감소하면 배당이 줄고, 이는 본원소득수지 악화로 이어질 수 있다. 그럼에도 불구하고 투자소득수지는 상품수지에 비해 경기 변동성에 상대적으로 덜 민감한 구조를 가진다.

상품수지는 수출품목의 거래량과 가격 변동에 즉각적으로 영향을 받는 반면, 투자소득수지는 자산이 창출하는 수익 흐름을 기반으로 하기 때문에, 단기적인 가격이나 수요 변동에 따른 영향을 상대적으로 적게 받는다. 예컨대, 채권 이자나 정기적인 배당 수익은 일정 기간 계약 조건이나 배당 정책에 따라 안정적으로 수취될 수 있기 때문에, 경기 변화에도 비교적 예측 가능하고 지속적인 수익원으로 작용할 수 있다.

소프트머니는 경제위기 상황에서도 안정적인 수익원으로 기능할 뿐만 아니라, 경제적으로 상당한 부가가치를 창출한다. 일례로, 한식의 세계화, 산업화에 따른 경제적 효과는 향후 반도체 시장보다 더 큰 경제적 부가가치를 창출할 것이라고 감히 예견해본다.

음식은 소비의 퇴행성이 없으며, 지속적으로 학습 과정을 통해 락인(Lock-in)된다. 우리가 중식과 일식 그리고 이탈리아식을 대중식, 고급식 할 것 없이 일상에서 늘 머릿속에 떠올리는 것은 그동안 수없이 많은 학습의 과정을 거쳤기 때문이다. 그 나라 음식을 먹음으로써 그 나라를 여행하고 싶어지고 현지에서의 정통 음식을 취식하고 싶은 것은 당연한 일이다. 음식을 통한 해당 국가의 인지도 상승 및 연상은 문화적 종속성을 높여 해당 나라가 보유한 다른 문화적 요소들을 탐구하게 한다. 한식 역시 K-팝, K-드라마, K-뷰티, K-관광 등과 관련된 상품과 서비스의 구매로 이어지는 촉매제 역할을 하는 것이다. 한식의 산업화가 중요한 대목이다.

참고로 한식 산업은 음식 관광 및 농식품 수출 효과만 고려하더라도 연간 약 23조 원에 달하는 경제적 파급효과가 있는 것으로 추산된다. 이는 자동차 약 52만대를 판매한 것과 같은 효과다. 또한, 한식당 수가 가장 많은 상위 20% 국가(29개국)의 한식 취식 인구가 매주 한식당을 1회 방문한다고 가정했을 때 연간 매출 규모가 약 187조 원이 될 것으로 추정된다. 이는 단지 식당의 매출만이며, 전후방 한식 밸류체인에 존재하는 업체들의 매출과 시장 규모를 합친다면 천문학적인 숫자가 될 것이다. 한식의 글로벌 전략에 대해서는 후술하기로 한다.

방안① 본원소득수지 확대 → 해외투자지원 → 금산분리 완화

소프트머니를 확보하기 위해 우리가 앞으로 해야 할 첫 번째는 본원소득수지를 보다 적극적으로 확대하는 것이다. 이는 곧 해외

투자를 강화해야 한다는 의미이며, 투자로부터 발생하는 배당이나 이익 등의 소득이 국내로 유입될 수 있도록, 우리가 보유한 자산의 운용 방식을 새롭게 구성할 필요성이 제기되고 있다.

자산운용에 있어 투자 역량을 갖춘 체계를 마련하고, 경쟁력 있는 투자 활동을 통해 실질적인 수익을 확보할 수 있는 구조가 우리에게 필요하다. 하지만 현재 대한민국은 그러한 구조를 충분히 갖추고 있지 않다. 여러 연금 제도가 존재하지만, 이들이 해외투자를 통해 본원소득을 획기적으로 증대시킬 수 있을 만큼의 전문성과 운용 능력을 보유하고 있다고 보기는 어렵다.

따라서 금융을 보다 적극적으로 활용해 수익성 높은 해외 기업에 잘 투자해서 본원소득수지를 확보해야 한다. 대표적으로 일본 IT 기업 소프트뱅크는 비전펀드를 조성해 해외 곳곳의 기업에 투자하면서 공격적으로 소프트머니를 벌고 있다.

해외투자는 단순히 지금 돈을 많이 벌기 위한 수단이 아닌, 우리가 전략적으로 육성하고자 하는 미래 산업에 대한 투자이기도 하다. AI 등 미래 핵심 산업에 대한 글로벌 투자 규모는 이미 우리가 감당할 수 있는 수준을 훨씬 초과하고 있다. 미래 먹거리를 확보하려고 한다면, 그 목적에 적합한 투자가 대한민국 안에서 이뤄지든 밖에서 이뤄지든 정책 지원을 받을 수 있어야 할 것이다.

해외투자는 선진국의 기술 및 지식을 국내로 이전하는 역할을 한다. 해외에 투자하는 기업들은 선진국의 첨단기술과 경영 노하

● 일본 IT기업 소프트뱅크의 산업별 투자 포트폴리오

[Soft Bank Vision Fund]					
E- Commerce	**Ride Sharing**	**Health Tech**	**Frontier-Tech**	**Real-Estate**	
쿠팡(한국)	Grab(싱가포르)	닥터 Now(한국)	브레인코퍼레이션(미국)	오픈도어(미국)	
알리바바(중국)	디디추싱(중국)	임프리메드(미국)	ARM(영국)	Beike(중국)	

우를 습득할 수 있으며, 이를 국내로 도입하여 자국의 산업경쟁력을 강화할 수 있다. 특히, 연구개발과 혁신이 활발한 국가, 선진기술을 보유한 해외 기업에 대한 투자는 본국 기업의 기술혁신을 가속화 하는 데 큰 도움이 될 것이다. 향후 AI 등 빠르게 변화하는 사회에서 뒤처지지 않으려면 좀 더 유연한 사고가 필요하다. 해외투자도 그런 방법으로 하지 않으면 우리는 과거 10대 수출품목에만 계속 의존하게 될 것이고, 머지않아 우리 경제는 점차 하향 곡선을 그리게 될 것이다.

미국은 해외투자에 적극적으로 나서온 국가 중 하나로, 자유시장 경제를 표방하면서도 정부가 직접 개입하여 기업들의 해외투자를 촉진하는 정책을 펼쳐 왔다. 그 대표적인 사례가 바로 미국 수출입은행의 중장기 직접 대출 프로그램이다. 이 프로그램은 미국 기업이 해외에서 사업을 확장하고 글로벌 시장에서 경쟁력을 확보할 수 있도록 저금리 장기대출을 제공하는 해외투자 지원제도다. 특히 전략산업과 국가 공급망 안정화와 관련된 프로젝트에 집중적으로 지원되고 있다. 미국 국무부 산하 기관인 투자업무국(Office of Investment Affairs)은 미국 기업의 해외투자를 지원하고 촉진하는 정부 내 컨트롤 타워 역할을 한다. 투자업무국은 미국 국제개발금융공사[6]와 협력하여 미국 기업이 해외에서보다 유리한 환경에서 투자할 수 있도록 지원한다. 또한, 미국은 2017년에 '세금 감면 및 일자리 법(Tax Cuts and Jobs Act)'의 일환으로 과세체계를 전 세계 소득 과세 체제(worldwide tax system)에서 영토 기반 과세 체제(territorial tax system)로 전환하여, 해외에서 발생한 소득에 대해 미국 내 세금을 면제하도록 하였다. 이 과세 체제 전환은 해외에서 벌어들인 수익을 본국으로 송환할 때 세금 부담을 줄여 주어 미국 기업들이 해외투자에 적극적으로 나설 수 있는 환경을 제공하는 것으로 평가받고 있다.

미국 사례에서 본 바와 같이, 전략적 해외투자 확대를 위해서는 첫째, 해외투자에 대한 법인세 감면 및 세액공제를 더욱 강화할 필요가 있다. 기업들이 해외에서 얻은 소득을 국내로 송금할 때 발생하는 이중과세 부담을 완화하고, 전반적인 해외투자에 대한 세제 혜택을 확대해야 한다. 특히, 첨단기술, 에너지 등 전략적 산업의 해외투자 중, 해당 투자가 단순히 기업의 성장뿐만 아니라,

---

6. 미국의 공식 개발 금융 기관으로, 민간과 협력하여 해외 프로젝트에 대해 부채 금융, 지분 투자, 정치적 위험 보험, 기타 금융 및 기술 지원을 제공

● 전략적 해외투자 확대를 위한 4가지 방안

전후방 연쇄효과를 통해 국내 경제에도 충분한 기여를 할 것으로 판단되는 경우에는 추가적인 법인세 감면 및 세액공제를 도입하여 기업들의 해외 시장 개척을 전략적으로 지원할 필요가 있다.

또한, 기업 해외소득 환류세제 도입을 검토해야 한다. 기업들이 해외에서 얻은 수익을 국내 경제로 환류할 수 있도록 세제 혜택을 제공하는 방안이 필요하다. 이는 다양한 방식으로 설계될 수 있다. 예를 들어 해외투자 수익을 국내 스타트업 육성이나 연구개발에 재투자할 경우 세제 혜택을 부여하는 방식이 가능하다. 물론, 기업 입장에서는 해외에서 얻은 소득을 다시 해외에 재투자하는 것이 경영상 더 합리적인 선택이 될 수 있으며, 정부가 직접 개입해 기업의 국내 투자를 강제하는 것이 기업의 자율성을 침해할 우려도 있다. 그러나 이러한 우려에도 불구하고 국내 경제에 긍정적인 효과를 가져올 해외투자에 대해 정부가 더 나은 인센티브를 제공하는 것이기 때문에 충분히 검토 가능한 정책이라 생각된다.

둘째, 정부 차원에서 기업의 해외 M&A, 벤처투자 등을 종합적으로 지원하는 컨트롤 타워가 필요하다. 외국 사례를 보면, 많은 국가가 기업들의 해외투자를 지원하기 위해 별도의 전담 기구를 운영하고 있으며, 이를 통해 세제 혜택, 금융 지원, 법률 자문 등에서 체계적인 지원 시스템을 구축하고 있다. 특히, 글로벌 시장에서 경쟁력을 확보하기 위해 해외 M&A는 필수적이지만, 중소·중견기업은 인적·물적 자본이 부족해 적극적으로 나서기 어려운 현실이다. 또한, 해외 유망 스타트업 및 벤처기업과 협력하여 기술력을 확보하고 신시장을 개척하는 일 역시 개별 기업이 수행하기 쉽지 않다. 이에 따라 KOTRA(대한무역투자진흥공사) 등 각 공공기관의 글로벌 네트워크를 종합적으로 연결하여, 한국 기업과 해외 투자 기회를 연결하는 매칭 프로그램을 활성화할 필요가 있다.

셋째, 정책금융기관들을 중심으로 민간과 공동으로 해외투자를 위한 다양한 형태의 기금을 조성할 필요가 있다. 특히 첨단전략산업에 대해서는 대출을 넘어 지분 투자까지도 동시에 고려할 필요가 있다. 첨단전략산업의 사업 리스크는 여타 산업에 비해 민간이 자체적으로 감당하기에 매우 클 수 있다. 따라서 정책금융기관이 나서서 지원할 때에는 자금 공급 규모도 중요하지만 이에 못지않게 위험을 분담하는 방식으로 지원하는 것이 더욱 효율적이라고 판단된다. 특히 중소·중견기업은 대기업에 비해 자금 조달이나 위험관리 측면에서 어려운 상황에 놓여 있기 때문에 중소·중견기업이 해외투자에 나설 때는 해외투자 전용기금 등을 통한 더욱 적극적인 지원이 필요하다.

마지막으로, 금융자본과 산업자본의 전략적 결합을 용인할 필요가 있다. 전통적으로 금산분리(금융과 산업의 분리)는 금융자본과 산업자본 간의 결합을 억제함으로써 금융시스템의 건전성과 공정성을 확보하기 위한 제도적 장치다. 그러나 지금처럼 급변하는 경제·기술 환경 속에서는 금융과 산업의 기존 역할 분담을 근본적으로 재검토하고 두 부문이 전략적으로 결합하여 새로운 가치를 창출할 수 있는 기반을 마련하는 것이 중요하다. 현재 우리 경제가 직면하고 있는 기후변화 대응과 적응, 인공지능 기반 산업구조 전환, 글로벌 공급망 재편 등 여러 복합적인 상황에서는 단순한 재무적 투자가 아니라, 산업구조 전반에 대한 통찰을 반영한 전략적 자산운용이 필요하다. 이러한 측면에서 산업자본은 중요한 역할을 할 수 있다.

산업자본은 특정 산업의 구조, 기술, 시장 수요에 대한 깊은 이해를 바탕으로 투자자산의 미래 가치를 보다 정밀하게 평가할 수 있는 역량을 지녔기 때문이다. 산업자본이 금융자본과 유기적으로 결합할 수 있다면 이는 단순히 금융이 자금을 공급하거나 기업이 실물에 투자하는 수준을 넘어, 산업과 자본이 함께 성장하는 새로운 가치 창출 메커니즘을 형성할 수 있다. 반도체, 바이오,

탄소 중립 기술, 인공지능 등과 같은 첨단 산업 분야에서는 단순한 재무적 지표뿐만 아니라, 기술의 적합성, 신규시장 진입 가능성, 법규제 환경, 글로벌 공급망 등에 대한 정교한 판단이 투자 성과를 결정짓는다. 그러나 전통적인 금융기관의 심사 시스템은 주로 과거 실적, 담보 능력, 신용도 등 정량적 지표 중심의 과거지향적(backward-looking) 리스크 관리 체계에 기반하고 있어, 기술성과 산업성에 대한 미래지향적(forward-looking)이고 통합적인(holistic) 판단을 내리기에는 구조적으로 한계가 있다.

따라서 실제 산업 현장의 기술 및 시장 동향을 정밀하게 반영할 수 있는 산업자본의 전문성과 의사결정 구조의 참여가 필요하다. 산업에 대한 내재적 전문성을 갖춘 자본은 기술의 성숙도, 시장의 구조, 공급망의 제약 등 다양한 요소를 종합적으로 고려하여 독자적인 투자 기준에 따라 아직 주목받지 않은 유망 분야나 신성장 기회를 선제적으로 발굴할 수 있다.

반면, 산업적 전문성 없이 이루어지는 금융투자는 단기 수익만을 추구하는 모방적 투자를 하기 쉬운데, 이는 결국 과잉 경쟁, 자원의 중복 투입, 수익률 저하로 이어지며, 산업 전반의 지속가능한 성장을 저해할 수 있다. 특히 주요 선진국에 비해 자본 여력이 풍부하지 않은 우리나라의 경우에는 자본의 효율적 배분이 국가 경제의 지속가능한 성장과 직결되는데, 만약 국내 자본들이 산업적 식견 없이 유사한 분야에 집중투자하거나 서로의 전략을 모방

● 주요국의 지주회사 금산분리 규제 비교

구분	Korea Rep.	USA	Japan	EU
산업자본의 금융 소유	일반지주회사의 金금융사 소유 금지	일반지주회사의 은행 소유 금지	규제 없음	규제 없음

출처: 대한상공회의소

하는 등 차별화되지 않는 투자 판단을 내리면 해외 시장에서 오히려 한국 자본끼리 경쟁하는 비효율적인 상황이 나타날 가능성을 배제하기 어렵다.

따라서 지금까지 금산분리 원칙이 금융과 산업 간의 부정적 교차를 차단하는 데 초점을 맞추었다면, 이제는 양자 간의 건설적이고 전략적인 결합을 적극적으로 모색해야 할 시점이 되었다고 판단된다. 물론 사금고화, 이해 상충, 내부거래 등 금산분리 제도가 경계해 온 위험 요소들은 여전히 유효하기 때문에, 이를 완화하기 위한 투명성 확보, 지배구조 통제, 이해 상충 방지 장치 등의 제도적 보완은 반드시 병행되어야 한다.

그러나 이러한 가능성만을 근거로 산업과 금융의 결합을 원천적으로 배제하는 접근은, 산업 간 경계가 허물어지는 '빅블러(Big Blur)' 시대에 우리 경제의 변화 대응력을 심각하게 저해할 수 있다. 한국은 주요국 중에서도 금산분리 규제가 가장 심한 나라 중 하나다. 산업자본이 금융자본과 다양한 방식으로 연계되어, 첨단 전략산업 분야에서 실질적인 시너지 효과를 창출할 수 있도록 더욱 정교하고 유연한 정책 기반 마련이 필요하다.

방안② 지식재산권 활성화를 위한 3개의 화살

소프트머니를 확보하기 위한 두 번째 방법은 지식재산권[7] 육성이다. 트럼프 2기 행정부가 출범하며 서비스 교역의 중요성이 부각되고 있다. 전통적으로 여행, 운송 등의 서비스 교역이 높은 비중을 차지해 왔으나, 지식경제사회로의 진입과 디지털 기술의 발전에 따라 통신·컴퓨터·정보서비스, 지식재산권 사용료 등 고부가가치 서비스 교역이 꾸준히 증가하고 있다. 이 중 지식재산권 사용료는 특허권 등 연구개발로 생산된 지식재산권 사용에 대한 대가, 상표권·상호명 사용에 대한 대가, 책·음반·영상 등 멀티미디어, 컴퓨터·모바일 소프트웨어의 복제·배포를 위한 라이선스 및 관련 권리에 대한 대가 등을 의미한다. 필자는 국제비교를 위해 IMF BPM6 분류체계에 따른 통계를 사용하였다.

전 세계 지식재산권 사용료 수출의 최근 20년(2004년~2023년) 통계를 보면, 연평균 증가율은 6.9%이며, 같은 기간 우리나라의 지식재산권 사용료 수출액 또한 연평균 8.5%의 높은 성장세를 기록하였다. 전체 수출액 중 지식재산권 사용료 수출이 차지하는 비

---

[7] '지식재산'이란 인간의 창조적 활동 또는 경험 등에 의하여 창출되거나 발견된 지식·정보·기술, 사상이나 감정의 표현, 영업이나 물건의 표시, 생물의 품종이나 유전자원(遺傳資源), 그 밖에 무형적인 것으로서 재산적 가치가 실현될 수 있는 것을 말하며, '지식재산권'이란 법령 또는 조약 등에 따라 인정되거나 보호되는 지식재산에 관한 권리를 말한다(지식재산기본법 제3조).

● 주요국 지식재산권 사용료 수출액 비교

순위	국가	지식재산권 사용료 수출액 (천억$)	전체 수출 중 비중(%)
1위	USA	1.344	4.4
2위	Netherlands	0.638	6.2
3위	Japan	0.510	5.5
4위	Germany	0.470	2.4
5위	UK	0.275	2.6
⋮			
10위	China	0.110	0.3
11위	Sweden	0.094	2.9
12위	Korea Rep.	0.091	1.2

출처: IMF, World Bank

중은 같은 기간 0.6%(2005년)에서 1.2%(2023년)로 커졌다. 그런데도, 한국의 지식재산권 사용료 수출은 글로벌 평균에 미치지 못하고 있다.

지식재산권 사용료 수출 상위 국가는 2023년 기준 미국, 네덜란드, 일본, 독일 등이며, 우리나라는 스웨덴에 이어 12위를 기록하였다. 상품 및 서비스 수출액 중 지식재산권 사용료 수출이 차지하는 비중은 중국을 제외한 10개 국가에서 우리나라의 비중(1.2%)보다 높게 나타났다. 흥미로운 점은 지식재산권 사용료 수출 상위 국가들의 제조업 역량 또한 높아, 12개국 모두 2022년 제조업경쟁력지수(CIP)[8]에서 상위 20위 안에 포함되어 있다는 것이다. 대표적인 제조 강국인 독일과 일본의 지식재산권 사용료 수출액 비중은 각각 2.4%, 5.5%로 제조업 기반 상품 수출에 대한 의존도를 낮춰왔는데, 이는 특허권뿐만 아니라 상표권, 디자인권, 저작권 등 다양한 권리의 활용을 통해 가능했다. 실제로 주요국들은 특허권과 더불어 상표, 디자인 등의 해외 권리확보에 노력을 기울이고 있다.

정부 정책에서도 지식재산권에 대한 다각적 접근이 확대되고 있다. 일본은 수출 성과 중 많은 부분이 일본 기업의 해외 진출에 따라 일본 모기업이 해외 자회사로부터 사용료를 수령하여 발생하는 것으로 진단[9]하고, 지식재산권 경쟁력 강화 필요성을 지속적으로 강조해 왔다.

2002년 지적재산기본법이 제정된 이래 매년 '지적재산추진계획'을 수립하여 추진하고 있는데, 2024년 지적재산추진계획에서는 일본 내 연구개발 촉진을 위한 이노베이션 박스 세제 추진, 지식재산 및 무형자산에 대한 투자를 통한 가치창출, 기술유출 방지, 표준의 전략적 활용 추진, 중소기업의 지식재산권 활용 강화 등을 중점 시책으로 정하였다. 특히 콘텐츠, 음식 등 광의의 지식재산을 여행서비스(인바운드 관광객 유치), 농림수산물·식품 수출 등 다른 재화나 서비스와 연계하여 파급력을 높이고 소프트파워를 향상시키는 전략을 포함하였다. 이런 정책은 국제적으로 긴장

---

8. UNIDO(The United Nations Industrial Development Organization)에서 공표하는 제조업경쟁력지수(Competitive Industrial Performance score)
9. DBJ Research(2024) 확대되는 서비스 무역과 일본의 디지털 적자(拡大するサービス貿易と日本Rのデジタル赤字)

● 지식재산권 활성화를 위한 세 가지 화살

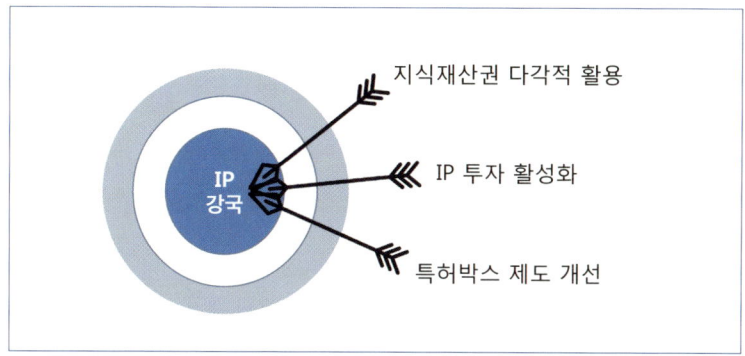

감이 고조되는 상황에서, 일본의 산업구조를 변화시키기 위한 적극적인 대응으로 평가된다. 한국도 지식재산권 강국으로 도입하기 위한 지원책을 확대해야 할 때이다. 한국의 지식재산권 육성을 위한 세 가지 방안을 제안해본다.

1) 지식재산권의 다각적 활용

지식재산권 수출에 있어서 가장 핵심적인 활동은 우리 기업이 혁신의 성과로 얻은 무형자산을 보호하고 활용하기 위한 지식재산권을 확보하는 것이다. 지식재산권 중 특히 산업재산권은 속지주의를 따르기 때문에, 권리를 활용하고자 하는 국가에서 지식재산권 확보가 이루어져야 한다. 먼저 권리확보 대상 국가를 정함에 있어서, 우리 기업의 비즈니스 모델, 주요 고객층 및 시장규모 등을 고려하는 한편, 진입하려는 국가에서 경쟁기업의 활동과 산업재산권 확보 현황도 함께 고려해야 한다.

다음으로 어떤 권리 유형으로 혁신 자산을 보호하는 것이 유리한지에 대한 의사결정이 필요하다. 지식재산권은 권리 유형에 따라 개별법이 존재하며, 제도의 취지(목적), 보호 대상, 보호 요건(등록 요건), 권리 효력 및 존속기간 등이 서로 다르다. 국가마다 특허 적격성 등에 차이가 존재할 수 있으므로 해당국의 지식재산권 법률 및 관련 규제를 꼼꼼하게 검토하여 권리화를 추진해야 한다. 적합한 권리 유형을 최우선으로 확보하되, 가능하다면 하나의 권리 유형이 아닌 여러 권리 유형을 복합적으로 활용하여 보호하는 방안도 고려하는 것이 바람직하다.

유럽특허청(EPO)과 유럽연합지식재산청(EUIPO)의 공동연구에 따르면, 기업이 다양한 권리를 복합적으로 활용하는 경우, 지식재산권에 의한 경제적 성과가 더 높은 것으로 파악되었다. 특허권, 상표권, 디자인권 등 산업재산권을 대상으로 분석이 진행되었으나 저작권과 산업재산권을 함께 활용하는 것도 유용하며, 이미 세계적으로 인정받고 있는 K-웹툰, K-POP 등 콘텐츠 기업들이 다각적인 지식재산권 활용을 통해 파급효과를 높이는 전략으로 활용할 수 있다.

2) 지식재산투자 활성화

기업이 우수한 혁신성과 및 국내 지식재산권을 보유하였으나 자금 부족 등의 이유로 해외 권리를 미처 확보하지 못하는 경우, 해외에서 다른 기업이 정당한 대가의 지급 없이 우리 기업의 혁신성과를 이용하는 경우가 발생할 수 있다. 이는 해외 권리확보를 하지 못한 특정 기업뿐만 아니라 국가 차원에서의 큰 손실로 이어질 수 있어, 우수한 지식재산을 보유하였으나 자금 등 내부 자원이 부족한 기업이 해외 권리를 확보할 수 있도록 돕는 지원책이 요구된다. 이때 지식재산권을 기반으로 자금 확보의 기회를 제공하는 IP(지식재산; Intellectual Property) 금융이 유용한 정책이 될 수 있다. 우수 지식재산을 보유한 기업 또는 지식재산권 자체를 대상으로 이루어지는 IP 금융 지원 중에서 특히 해외 권리확보 및 해외 분쟁 대응과 같이 지식재산권 수출 성장의 밑거름이 되는 사업을 보다 확대할 필요가 있다.

3) '특허박스 제도' 개선

지식재산권 수출 성과는 해외 권리확보와 함께 국가에 축적된 기술 스톡에 영향을 받는다. 우리나라를 포함한 주요국에 대한 패널 분석 결과, 특허 활동과 지식재산권 사용료 수출 성과 간에 양(+)의 관계를 보였는데, 자국 보유특허(인구 천 명당 보유특허)가 1건 증가하면 지식재산권 사용료 수출액이 5.1% 증가하는 것으로 나타났다. 또한, 해외 특허권 확보도 지식재산권 수출에 긍정적인 영향을 미치는 것으로 분석되었다. 이는 한 국가의 무형 혁신성과

● 자국 보유특허와 지식재산권 수출 관계

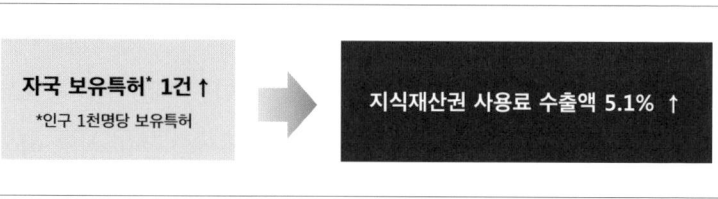

및 기술자산이 서비스 수출의 형태로 수익 창출에 기여하는 것으로 해석될 수 있다.

국가 내 역량 축적을 위해서는 우리 기업의 혁신 활동 장려와 더불어 글로벌 기업의 유치 및 한국 내에서의 혁신 추진을 위한 유인책이 필요하다. 주요국은 다양한 R&D 지원 조세제도를 운영하고 있는데, R&D 활동이 글로벌화 되고 특허 등 지식재산권의 중요성이 증가하면서 특허박스 제도를 도입하여 운영하는 국가들이 증가하고 있다. 특히 영국 등 유럽 국가들이 자국 내 기업의 혁신을 통한 사업 활성화, 기술이전, 글로벌 기업 유치 등을 목적으로 특허박스 제도를 적극적으로 도입해 왔으며, 다수의 기업이 해당 제도의 수혜를 받고, 궁극적으로 혁신성장에 기여한 것으로 평가되고 있다.

한국의 기술이전 및 기술취득 등에 대한 과세특례는 지식재산권의 양도 및 대여소득에 대한 법인세 등의 감면제도로, 특허박스 제도의 성격을 갖는다. 해당 제도는 중소기업 및 중견기업이 자체

● 주요국 특허박스 제도 도입현황

구분	소득 공제율(%)	법인세율(%)	특허박스 우대세율(%)
UK	60	25	10
France	60	25.83	10.33
Belgium	85	25	3.75
Netherlands	65.1	25.8	9
Spain	60	25	10

출처: 한국조세재정연구원

개발한 특허권 등의 대여소득과 양도소득에 대한 소득세 또는 법인세 감면을 내용으로 하는데, 최근 한국조세재정연구원에서 인용한 OECD의 연구에 따르면, 2020년 기준 우리나라의 특허박스 제도 관련 조세지출액은 GDP의 0.01%에 못 미치고, R&D 조세지원에서 특허박스 제도가 차지하는 비중은 0%에 가까운 것으로 파악되었다. 이에 사업화 단계에 대한 조세 지원 강화가 필요하다는 문제의식 하에 특허박스 제도 개선에 대한 민간의 요청과 관련 입법안 발의가 여러 차례 있었으나, 아직 입법되지 않은 상황이다. 보다 실효성 있는 제도 마련을 위해 면밀한 검토가 이루어져야 할 때이다.

방안③ K-푸드로 본 '부드러운' 수출전략

마지막 소프트머니 확보 전략은 K-푸드 산업화다. 한식 세계화는 2008년부터 추진됐지만, 단순 메뉴 위주의 홍보와 이벤트 중심의 정책 등으로 세계적인 확산에 한계를 보여주었다. 그러나 최근 K-콘텐츠의 전 세계적인 유행과 발전된 국가 위상으로 인해 한식이 에스닉 푸드(Ethnic food)[10]중에서도 가장 떠오르는 음식이 되었다. 이제 한식은 단순히 세계화라는 선언적 관점이 아니라 생산부터 소비에 이르기까지 효율화가 작동하는 산업화를 추구해야 하는 상황에 이른 것이다.

자국 음식을 세계화하는 데 성공했다고 평가되는 대표적인 사례로 일본을 들 수 있다. 일본의 자국 음식 확산의 중심에는 스시가 있었다. 일본의 버블 경제 시기는 고도의 경제성장으로 일본 기업들의 해외 활동이 급격히 증가하던 시기이다. 미국 언론인인 사샤 아이젠버그가 저술한 『스시 이코노미』에 따르면, 버블 경제 시기 해외에 파견된 일본의 비즈니스맨들이 고급 접대 음식으로 스시를 취급하기 시작하며 일식의 세계화가 시작되었다. 스시를 기본으로 한 현지화 메뉴들(캘리포니아 롤 등)은 일식의 확산을 가속하였으며 미국을 중심으로 한 스시 열풍은 1980년대 후반 유럽에 전파되고, 이후 전 세계로 확산되었다.

일본 정부에서는 2005년 '일식 인구 배증 계획'을 발표하면서 본격적인 자국 음식 세계화 정책을 시행했다. 2007년에는 자

---

10. 특정 문화권이나 민족의 고유한 전통 음식

● 일본 레스토랑 해외보급 추진기구(JRO) 지원사업

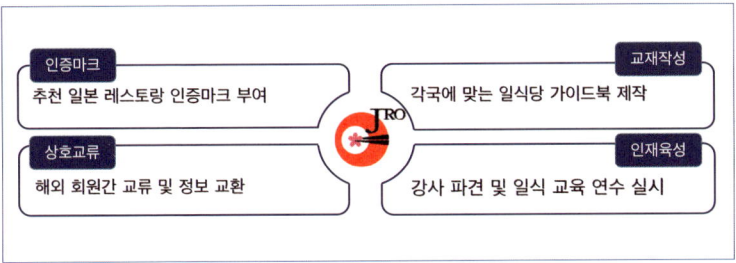

국 음식 세계화를 위한 중심 정책 기관인 일본레스토랑 해외보급 추진기구(JRO; Organization to Promote Japanese Restaurants Abroad)를 설립하였다. 이후 JRO를 중심으로 한 레스토랑 인증제, 인재육성 사업 등을 적극적으로 시행하고 있다. 일본 정부의 정책은 이미 민간 주도의 확산이 많이 일어난 상황에서 시행되었다. 일본음식 세계화 이니셔티브는 민간, 확산은 정부의 몫이었다.

우리나라의 사례에 비추어 본다면 K-컬처를 중심으로 민간 중심의 확산이 일어나고 있는 현재 상황에서 정부의 정책 방향성이 중요하다고 볼 수 있다. 스시라는 킬러 음식을 가지고 일본이 고급화 시장에 뛰어든 사례를 벤치마킹할 필요가 있다. 한류라는 문화 속에 어떻게 한국 음식을 독창적인 하이엔드 포지션에 브랜딩할 것인가 하는 문제가 현재 한식 산업화의 숙제인 것이다. K-컬처를 기반으로 한식이 널리 알려지고 있는 현 상황에서 한식의 경쟁력 및 지속가능성을 제고하기 위해서는 다음과 같은 4가지의 정책 방향을 염두에 두어야 한다.

첫째, 제품(메뉴) 위주에서 시장 위주의 정책으로 전환이 필요하다. 지금까지의 한식 정책은 제품(메뉴) 위주 정책의 비중이 컸던 것이 사실이다. 우리는 글로벌 시장에 주로 한국의 전통 음식을 먹으라고 푸시하는 전략을 고수해왔다. 물론 한식의 정의가 무엇이며, 어떤 요소가 포함되어야 하고 어떤 메뉴가 한식인지 아닌지를 가리는 것은 한식의 정체성을 확립하는 데 있어 중요하다. 그러나 한식을 산업화하기 위해서는 이러한 관점은 어느 정도 변화될 필요가 있다.

우선 한식이 유·무형의 문화상품으로서 세계 소비자를 대상으로 어떻게 인식되고 판매되어야 할 것인지를 고민할 때이다. 한식의 범위는 상당히 넓다. 한국에서 만든 음식, 한국인이 쉽게 이해할 수 있는 음식 그리고 한국에 들어와 독창적으로 변형된 음식도 한식의 범주에 포함시켜야 한다고 생각한다. 예를 들어 한국 라면, 한국 만두 역시 훌륭한 한식임이 틀림없다. 심지어는 한국 브랜드 제과, 예를 들어 세계에 적극적으로 진출하고 있는 파리바게트, 뚜레쥬르 같은 브랜드 역시 한식임과 동시에 핵심적인 K-푸드라고 할 수 있다.

한식의 범위와 특정 메뉴에 대한 논쟁은 글로벌 시장에 가면 무의미하다. 우리의 논쟁에 놓여 있는 여러 한식과 K-푸드는 세계인의 관점에서 보면 모두 한국 음식인 것이다. 한식의 정통성과 아이덴티티는 충분히 한식이 세계화되었을 때 논의를 해도 늦지 않다. 그래서 한정된 메뉴를 가지고 시장에 푸쉬하는 전략은 타당하지 않다. 우리는 단지 현지 시장에 적합한 한식을 제공하면 그뿐이다. 그것이 시장 지향적인 마인드다. 일본인이 좋아하는 한식과 유럽인이 좋아하는 한식이 차이가 날 수 있는 것은 당연하다. 우선적으로 고객, 즉 시장의 관점에서 그들이 원하는 한식을 제공하는 것이 중요하다.

둘째, 글로벌 한식 밸류체인의 효율화 전략이 필요하다. 한식이라는 제품이 생산되고 소비되기까지는 다양한 비즈니스 주체들이 참여하는 밸류체인이 형성되어 있다. 한식의 밸류체인이 원자재의 조달부터 생산가공, 유통, 소비단계까지 연결되어 있다는 점을 고려한다면 한식이 확산되고 산업화함에 따라 각 체인의 단계들이 효율화될 필요성이 있다. 원재료, 특히 신선 식재료 등의 원물은 현지에서 활용하고 장류, 소스 등과 같은 일부 가공식품은 한국에서 조달하는 것이 한식 본연의 맛을 내는 데 있어서 보편적일 수 있다. 따라서 현지 레스토랑에서 사용 가능하거나 현지 마트에서 구매 가능한 가공식품을 수월하게 수출할 수 있는 공급망을 확충하는 것이 중요하다.

이를 위해 유통 및 물류에 있어서는 조달 비용을 줄일 수 있도록 현지의 한식 관련 식재료나 가공식품을 판매하는 마트 등과 적극 협업이 필요하며, 또한 공동구매를 활성화할 수 있는 효과적

● 한식산업 밸류체인 구축

원자재 생산	제조	유통 및 물류	소비
현지 농업 법인	현지 식품 가공 업체	국내·해외 유통	국내·해외 외식 기업
	국내 식품 가공 업체	현지 유통	푸드 테크

창구를 마련해야 한다. 소비단계에서는 한식의 적극 홍보를 위한 K-콘텐츠의 활용이 필요할 것이다.

이러한 한식 밸류체인의 효율화가 성공적으로 이루어지기 위해서는 정부 주도의 협의체가 아닌 민간협의체를 구성하고 정부는 이를 보조하는 형태가 적절할 것이다. 현재 정부 주도의 협의체는 구심점 역할을 하는 조직의 자원과 역량이 제한적이고 각각의 이해관계가 상호 이익에 반하는 경우가 많다. 따라서 구심점 역할을 하는 조직을 구성하고 상호 이익을 최우선으로 하는 것을 목표로 다양한 구성원들을 포함하는 민간협의체가 필요하다. 단순히 외식업체뿐만 아니라 현지 식품 가공업체, 물류 업체, 푸드테크 기업 등의 적극적인 참여가 중요하다. 특히 푸드테크 기업 등이 참여하여 조달, 생산, 조리 등과 더불어 수요예측 및 AI 기반 물류 자동화 등에 기여할 수 있다면 밸류체인의 효율화를 가속화 할 수 있을 것이다.

셋째, 대중화와 고급화의 투 트랙(Two-track) 전략 실행이 필요하다. 한식이 효과적으로 확산되고 산업화되기 위해서는 대중화나 고급화 어느 한쪽의 관점만으로는 성공하기 어렵다. 한식이 대중화를 통해 일상식으로 소비자에게 포지셔닝되고, 고급화를 통해 특별식으로 인식된다면 산업화를 위한 소비자의 저변이 훨씬 폭넓게 형성될 수 있다.

그간의 한식 정책은 지금과 같이 한식 문화가 확산되지 않은 시점에서 성공적 정책을 수행하기에는 여러 제약이 있었다. 대중화만을 고려하기에는 한식의 인지도 및 대중화할 수 있는 전략 방향이 부족했고, 그렇다고 고급화만을 추구하기에는 일부 실패 사례들이 부각되며 정책 수행의 당위성에 제약이 있었다. 그러나 지금의 한식 확산 상황을 고려한다면 이제 정책적 관점에서도 대중화와 고급화 두 가지 전략을 동시에 고려할 필요가 있다. 그만큼 세계시장에서 한식의 저변이 확대된 것이다. 즉, 대중적 한식 확산을 위해서 한식 자체의 홍보와 더불어 해외 외식업체들이 효율적으로 한식을 생산-판매할 수 있도록 하는 인프라를 구축해야 한다. 이와 동시에 고급화를 위해서는 에스닉 푸드 시장을 선도하는 특정 시장에서의 식재료 조달 용이성과 전문인력의 양성 등을 함께 고려해야 할 시점이다.

마지막으로 한식 관련 정보의 체계화이다. 한식이 산업화되고 활성화되기 위해서는 한식 관련 의사결정 주체들에게 체계적으로 정보가 제공되어야 하며 각 주체가 효율적으로 정보를 활용할 수 있도록 해야 한다. 이를 위해서는 밸류체인 상의 각 주체들이 생산하는 정보를 통합하고 이를 각 주체가 의사결정에 활용할 수 있도록 체계적으로 제공해야 한다. 한식 메뉴에 대한 정보뿐만 아니라 산업 측면에서는 생산과 소비에 관련한 정보, 운영 측면에서는 가격 정보, 인력 정보, 매출 정보, 구매 및 판매 채널 정보 등이 통합될 필요가 있다.

이러한 정보들은 공적 정보로서 통합되어야 하고, 필요에 따라서는 각 민간 기업들과 정부와의 정보사업과 관련된 협업도 필요하다. 통합된 정보들은 한식 관련 밸류체인 주체들이 활용할 수 있도록 가공된 정보로 주기적으로 제공되어야 한다. 이를 위해서는 전문가 간담회 등을 통한 정성적 정보의 추가와 더불어 정보 공유의 장을 마련해야 한다. 또한, 정보를 기반으로 한 카드뉴스 등의 콘텐츠가 생성 및 보급되어야 하며, 해외의 한식 관련 이해관계자들이 정보를 확인할 수 있게끔 글로벌 SNS 채널 등도 활성화해야 한다. 더 나아가 수집된 정보를 통해 한식 관련 정책이 효과적으로 수행되고 있는지에 대한 KPI(Key Performance Indicator; 핵심성과지표)를 설정하고, 산업화의 확산 속도를 지속적으로 모니터링해야 한다.

K-콘텐츠를 통해 K-푸드가 알려지고, 산업화를 통해 K-셰프, K-레시피, K-조리기구가 팔리게 되어 해외에 K-밸류체인이 만들어지게 된다. 이처럼 한류에 대한 관심이 K-음원, K-공연, 현지

의 K-엔터테인먼트까지 이어지는 선순환 구조가 만들어졌으면 하는 바람이다.

Chapter 5
저비용 고성장 토털 솔루션

– 박형곤, 권석준 –

"메가 샌드박스라는 아이디어는 지역을 혁신 실험장으로 활용해
국가적 난제를 여기서 한꺼번에 해결해 보자는 제안이다"
"메가 샌드박스 솔루션의 기본은 기업이다. 기업이 몰리는 곳에 일자리가 생기고,
일자리가 생기면 사람이 몰리고, 사람이 몰리는 곳에
더 많은 기업이 들어오는 선순환 구조가 만들어진다"

저비용으로 성장 만드는 토털 솔루션

지금까지 새로운 질서에 맞는 새로운 성장모델을 찾아봤다. 여기에는 분명 엄청난 재원이 필요하다. 안 그래도 사회의 구조적 문제를 해결하기 위해 많은 재원이 필요한데, 성장모델이 AI 폭풍에 대비하려면 천문학적 숫자의 재정과 인력, 시간이 필요하다. 이번 장에서는 그 실행모델에 대해 논하고자 한다.

한국경제가 10위권 경제 규모에 도달하면서 누적된 당면과제의 무거움도 함께 커졌다. 지체된 혁신, 폐쇄적 규제, 수도권 집중, 저출산 심화, 지방의 소멸 등 역대 정부에서 여러 시도를 통해 문제를 해결하려 했지만 큰 성과를 거두지는 못했다. 비유컨대 실타래처럼 엉켜있는 상태라고 진단할 수 있다. 이렇듯 구조적 난제가 산재해 있음에도 불구하고 고령화, 국가부채 증가 등으로 우리가

● 한국 사회의 구조적 문제

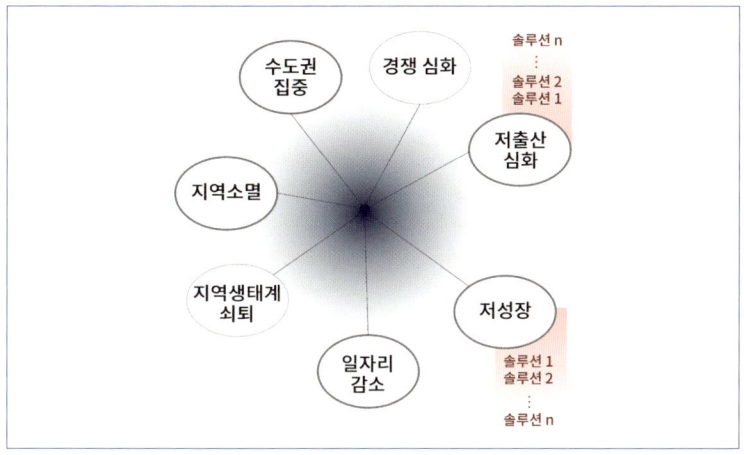

투입할 수 있는 자원은 점점 더 많은 제한을 받고 있다.

알렉산더 대왕이 복잡하게 얽혀있는 매듭을 단칼에 잘랐던 '고르디우스의 매듭'처럼, 기존에 생각해 보지 못했던 대담하고 파격적인 방식의 변화를 통해 구조적 문제들을 통합적으로 풀어 보면 어떨까? 바라건대 '일석다조'의 해결책이 필요한 때다. 그렇게 해야만 제한된 자원이라는 저비용으로 문제를 해결하면서 새로운 성장을 만들 수 있다.

이러한 배경에서 제시된 아이디어가 '메가 샌드박스'다. 규제 샌드박스는, 작은 모래놀이터에서 아이들이 마음껏 뛰노는 것처럼, 혁신 사업자에게 규제를 우회하도록 해 마음껏 혁신 실험을 하는 정책이다. 새로운 사업을 하고 싶어도 규정이 없어(한국은 포지티브 규제체계여서 규정이 없으면 사업을 할 수 없다) 개점휴업을 할 수밖에 없던 스타트업들에게 '가뭄에 단비' 같은 정책이다. 다만 기업 단위로 규제를 우회하다 보니 혁신의 성과는 한국경제 전체적으로 보기에는 너무 작았다. 그래서 샌드박스를 메가(Mega) 단위로 확장해보자는 것이다.

비슷한 개념으로 특구가 있다. 특구는 민간 수요자가 원하는 개념이라기보다는 정부 공급자가 원하는 구역을 만든 것이다. 과거 '수출자유구역'으로 시작된 특구는 시대를 거치면서 정책 목적에 따라 '경제자유구역', '기업 혁신도시', '규제자유특구', '기회발전특구' 등으로 늘어나 현재 전국에 1천여 개가 넘는 실정이다.

메가 샌드박스의 기본은 민간인 '기업'이다. 기업이 몰리는 곳에 일자리가 생기고, 일자리가 생기면 사람이 몰리고, 사람이 몰리는 곳에 더 많은 기업이 들어오는 선순환 구조가 만들어진다. 기업을 끌어들이는 촉매제는 인프라와 규제 개선이다. 수도권보다 상대적으로 낙후된 지역의 인프라를 개선하고, 외국과 비교해도 뒤지지 않는 인센티브와 규제 개선이 이뤄지면 국내 기업뿐 아니라 해외 기업도 들어오게 된다. 이 과정에서 정부와 국회는 파격적인 제도개선과 예산 지원을 통해 어떻게 하면 기업이 들어올 수 있을지에 집중하면 된다. 대한상의는 이러한 문제의식 아래 메가 샌드박스를 지난 3년간 개발해 왔고, 딜로이트 컨설팅도 이 작업에 핵심 파트너로 참여했다.

일본 후지산 자락의 거대 실험실

그러면 해외에서는 어떻게 기업 투자를 유치하고 있을까? 최근 도요타가 주도한 스마트 시티인 일본의 우븐시티(Woven City)가 주목받고 있다. CES 2025에서 도요타 회장이 직접 공개한 우븐시티는 자율주행, 로봇, 친환경 등의 다양한 첨단기술을 통합해 혁신적인 미래 도시환경을 제공하는 것을 목적으로 축구장 100개 크기인 21만 평(71만m^2) 규모로 조성 중인 거대 실험 공간이다. 2025년 가을부터 약 1년에 걸쳐 2,000명의 도요타 관계자와 가족, 연구원 등이 입주할 예정이다.

우븐시티의 컨셉은 '살아있는 실험실'이다. 지상에는 자율주행차 전용 도로, 지하에는 물류 전용 도로가 깔린다. 일본 정유사 에네오스와 협업하며 수소연료를 활용해 이산화탄소 배출이 전혀 없도록

● 일본 우븐시티

출처: 도요타자동차

● 일본 우븐시티 개요 및 Key Implication

	우븐시티
개 요	• 도요타社 주도 스마트 도시 - 71만m² (축구장 100개 면적), 약 2000명 거주 규모
Key Implication	**테스트 베드 "살아 있는 실험실"** ❶ **규제 Free-zone** : 자율주행차 안전인증 간소화 중 ❷ **실험 위한 인프라 구축** : 전용 테스트 도로 등 ❸ **피드백 활용** : 주민들 사용 경험 피드백 반영

하고, NTT와 협업해 첨단 스마트시티 플랫폼을 구축한다. 현재 자율주행차 시험 운영을 용이하게 하기 위해 안전 인증을 간소화 하는 작업을 진행 중이다. 자율주행차 전용 테스트 도로를 설치·운영하고 교통 상황을 실시간으로 분석하는 센서도 구축하고 있다.

우븐시티 내의 생활 전반에도 첨단기술이 적용될 예정이다. 반려동물 로봇을 비롯해 생활을 돕는 다양한 로봇과 드론이 도심을 누비게 될 것이며, 도쿄와 우븐시티를 오가는 도심형 항공기도 운항할 예정이다. 또한, 주요 에너지원으로 수소와 태양광 등 천연에너지만을 사용하게 된다. 그리고 자율주행, 로봇, 도심 항공, 에너지 시스템 전반에 인공지능이 적용돼 우븐시티는 말 그대로 인공지능이 관리하는 도시가 될 것이다.

두바이도 모델 사례로 빼놓을 수 없다. 두바이는 중동의 허브로서 금융특구(DIFC)를 구축하고, 특구 내 기업들에 개인소득세·관,

세 등의 면제, 법인세 9% 적용 등 기업 친화적인 조세 제도를 도입한 바 있다. 두바이는 여기에 더해 과거 '버즈 알 아랍', '팜 아일랜드' 등 '최고·최대'를 추구했던 것에서 벗어나 '최초·혁신'으로 도시의 컨셉을 바꾸고 있다. 세계 최초로 AI 담당 장관을 임명하고, 세계 최초의 3D 프린팅 건물을 지은 데 이어, 경찰관이 없는 스마트 경찰서를 도입하는가 하면 테슬라 회장 일론 머스크가 제안한 초음속 진공 튜브형 수송 수단인 하이퍼 루프도 건설 중이다.

이른바 '차터시티(Charter City)'라는 모델의 대표적 사례도 두바이다. 2013년 폴 로머 뉴욕대 교수는 개발도상국을 선진국으로 변모시키기 위해 차터시티의 개념을 제안했는데, 홍콩, 싱가포르, 두바이와 같은 선진 도시들의 성공사례에서 공통적인 요소들을 도출하고 있다.

그는 정책, 입지, 산업/기업, 도시 계획, 재산권, 거버넌스 등에 있어서 차별적 요소들을 제안하고 있는데, 가장 핵심적인 부분은 ①지자체 주도의 법·규제 제·개정을 통해 기업 친화적인 제도를 수립하고 중앙정부로부터 특별한 자치권을 인정받아 집행하는 것, ②경제적 연관·파급효과가 큰 산업과 Critical Mass(최소 임계치)를 만들어 낼 수 있는 기업을 유치하는 것, ③글로벌 표준 또는 글로벌 경쟁력을 가지는 수준의 기업 환경과 더불어 이들 기업의 근로자를 위한 정주 여건을 마련하는 것을 꼽을 수 있다. 두바이는 금융특구(DIFC)를 구축할 때 처음부터 영국 법제가 적용되도록 설계했고, 금융특구 이사회 임원 12명 중 10명을 외국인으로 임명할 정도로 독립적인 운영이 보장되도록 했다.

해외 사례를 살펴보면, 서로 성격에는 다소 차이가 있지만, '메가 샌드박스'라는 용어를 쓰지 않을 뿐 민간이 주도할 수 있는 구조, 기존 관행·통념에서 벗어난 파격적인 제도, 환경 구축 등을 통해 기업을 유치하는 데 주력한다는 공통점이 있다.

메가 샌드박스의 필요조건

그러면 이러한 '메가 샌드박스'를 우리나라에 도입하기 위해 어떤 전제조건이 필요할까?

첫째, 파격적인 규제 혁신이 필요하다. 역대 정부는 다양한 특구와 규제 샌드박스 제도 등을 통해 규제 해소·혁파 정책을 펼쳐왔다. 그러나 기존 법 제도의 한계를 벗어나지 못해 기업들이 체감할 수 있는 수준의 규제 혁신에는 도달하지 못했다는 것이 민간의 평가이다. 특히 바이오나 AI 등 신산업·신기술의 경우, 관련 법이 부재하거나 기존 제도로는 사업 추진이 되지 않아 많은 기업이 해외로 나가고 있다. 이제는 적어도 신산업·신기술에 대해서는 아예 무규제(네거티브 원칙)를 적용하거나, 그것이 어렵다면 최소한 경쟁국 수준의 규제만 적용하는 완전히 새로운 규제 패러다임으로 가야 한다.

전 세계가 신산업·신기술을 육성하고자 무한경쟁을 벌이고 있는데, 적어도 우리 기업이 발목을 묶고 달리는 일은 없어야 한다. 예를 들어, 모빌리티라면 중국 우한 시와 일본의 우븐시티 등 해외 경쟁국 수준의 규제특례를 적용해 자동차 산업 기반 테스트베드 도시를 계획해 볼 수 있다. '자율주행 도시'를 구축해 해외로부터 기업과 자본을 유인하고 모빌리티 생태계를 구축하는 것이다. 현재 세계적으로 5단계의 완전 자율주행 테스트가 가능한 곳은 중국 우한 시밖에 없는 만큼 우리나라에 유사한 환경을 조성한다면 한국 기업은 물론 해외 유수 기업의 관심을 끌 수 있을 것이다.

과감하게 규제를 풀었을 때 발생할 수 있는 부작용에 대해 우려가 있을 수 있는데, 이는 특정 구역을 정해 시범적으로 규제를 풀어보고 그 효과를 검증해 가며 범위를 확대하는 방식으로 추진하면 된다. 기업이 "이런 거 해도 되나요?"라고 물었을 때, 정부나 국회가 "묻지 말고 뭐든지 하세요."라고 대답하는 컨센서스가 만들어질 때 우리 기업뿐 아니라 해외 기업도 우리나라의 지역에 기꺼이 투자할 수 있게 될 것이다.

둘째, 과감한 인센티브를 민간에 제공해야 한다. 국가의 경쟁력은 이제 경제지표로만 평가할 수 없다. 혁신적인 법제도, 우수한 인재 인프라, 적극적인 재정·세제 인센티브 등이 결합되어 만들어내는 '기업 생태계의 질'이 국가의 핵심 자산이 된다.

프로스포츠 구단이 선수를 영입할 때 단순히 연봉뿐 아니라 시설, 트레이너, 커리어 발전 가능성 등을 종합적으로 제시해 선수를 설득하듯, 국가도 '기업 친화적 환경'을 얼마나 종합적으로 제공하느냐에 따라 글로벌 기업을 육성하고 유치할 수 있을지가 판가름 난다. 소위 기업 투자 유치를 위한 전장(battlefield for investment) 개념으로 접근해야 한다.

지금도 지역투자보조금을 비롯해 법인세 감면 등의 혜택이 지역 투자기업에 제공되고 있다. 그러나 기업이 투자 결정을 하는 데 있어 지역의 경쟁자는 다른 지역이 아니라 외국이라는 사실을 인식할 필요가 있다.

기업의 고민은 '전북에 투자할 것이냐 경남에 투자할 것이냐'가 아니라, '한국이냐 베트남이냐' 또는 '한국이냐 텍사스냐'라는 것이다. 경쟁국들은 낮은 인건비 또는 광대한 시장을 배경에 두고 여기에 막대한 인센티브까지 더해 투자를 유치하고 있다. 그런데 우리 정부와 지자체가 투자 기업에 주는 인센티브는 그에 크게 못 미치는 게 현실이다. 적어도 외국 기업이 한국에 기꺼이 투자할 수 있을 정도의 인센티브를 제공해야 국내 기업도 국내에 투자할 수 있다. 예를 들어 상당 기간(최소 10년) 법인세를 면제해 주는 것은 물론 투자액의 상당 부분을 투자 보조금으로 환급해 주고, 토지·시설 무상 제공, 임직원의 소득세 감면 또는 면제 등을 함께 보장해줘야 한다는 것이다. 국내 기업 한정으로는 수도권 기업이 지역으로 이전하는 경우 투자 금액에 비례해 상속세·증여세를 공제해 주고, 수도권의 건물·토지 매각에 대한 양도소득세를 면제해 주는 것을 적극적으로 검토할 필요가 있다. 이 조치만으로도 상당수의 수도권 기업이 지역 투자를 검토하게 될 것이다.

셋째, 글로벌 인재를 육성하고 확보할 수 있는 여건을 갖추는 것도 중요하다. 지역의 거점 대학에 진학하면 바로 취업으로 이어질 수 있도록 시스템을 잘 짜면 수도권의 인재들이 지역으로 내려가는 비중도 늘어날 것이다. 그러려면 각 지역 거점 대학이 지역의 기업과 산업의 니즈에 맞게 학부와 대학원의 학과를 신축적으로 개설하고 정원을 조정할 수 있어야 한다.

아울러 지역 투자 기업과의 산·학 연계를 강화해 졸업생이 바로 취업으로 이어질 수 있도록 커리큘럼부터 학사제도 전반에 이르는 체계를 구축하는 게 관건이다. '삼성전자학과', '현대차학과'는 물론 '테슬라학과', '보잉학과'도 가능해져야 한다는 의미다. 또한 외국 인재들이 국내로 들어와 정착할 수 있는 시스템을 갖추는 것도 중요하다. 특정 지역을 정해 외국인만 살 수 있는 마을을 조성하거나('일본인 마을', '네덜란드인 마을'), 영어와 다른 외국어를 공용어로 지정해 관공서 및 행정문서뿐 아니라 길거리 표지판에 병기하도록 하고, 첨단산업 인재와 그 가족의 경우 바로 영주권을 부여하고 국적 취득도 용이하게 하는 등 이민사회에 준하는 수준으로 외국 인재 확보에 적극 나설 필요가 있다. 이들을 위해 외국인 학교와 외국인 병원 등 글로벌 수준의 생활 인프라를 갖춰주는 것도 필수적으로 요구된다.

넷째, 글로벌 수준의 정주 여건을 구축해야 한다. 수도권에 인구가 밀집된 가장 큰 이유는 교육-의료-문화-교통-주택 등 정주 여건이 잘 조성돼 있기 때문이다. 특히 젊은 세대일수록 이러한 정주 여건을 중요하게 생각하고, 직업 선택 시 필수 조건으로 생각하는 경향이 있다. 따라서 정부와 지자체는 지역에 수도권 또는 글로벌 수준의 정주 여건을 갖추는 데 주력할 필요가 있다. 공공 어린이집과 유치원 확충은 물론 자사고·특목고 등을 설립해 좋은 교육 여건을 제공하고, 공공의료원을 중심으로 하는 지역의료 체계의 확립, 지역 내 교통망 확충, 다양한 문화공연장 설치 등이 동시다발적으로 이뤄져야 한다.

일각에서는 경제성 측면에서 지역 정주 여건에 대한 투자가 적절치 않다고 주장하는 경우가 있다. 현재 인구가 적고 이용량도 부족할 수밖에 없기 때문에 경제성이 떨어지는 것이 맞다. 그러나 경제성이 떨어진다고 정주 여건 투자를 하지 않으면 지역의 인구는 점점 더 줄어들고 결국 소멸로 이어지게 될 것이다. 정주 여건 확충은 국토의 효율적인 활용 관점에서도 꼭 필요한 투자라는 점을 잊어서는 안 된다.

마지막으로 파격적 수준의 AI 인프라 확충이 필요하다. AI는 모든 미래 산업의 근간이 되는 기술로서, AI 인프라 투자 없이 AI는 물론이고 다른 첨단산업의 육성도 불가능하다. AI 데이터 분석에

● 메가 샌드박스의 5가지 필요조건

규제혁신	• 네거티브 방식으로 전환 • 중복 또는 과도히 엄격한 규제의 완화 등
인센티브	• 글로벌 기업 수요 충족할 수 있는 수준의 인센티브 등
인력	• 내부 인력 활용 (인력 규모 및 육성 체계 등) • 외부 인력 유입 및 유지
정주여건	• 주택, 의료 등 직접 인프라 구비 • 환경, 안전 등 간접 인프라 구비 등
AI 인프라	• 고성능 칩 확보, AI 데이터센터 선제적 구축 등

필수적으로 들어가는 GPU와 AI 칩을 국가적 차원에서 확보해 지역으로 분배하고, 민관 공동으로 AI 데이터센터를 주요 거점에 설치해 민간이 저렴한 비용으로 사용할 수 있도록 해야 한다. 특히 업종별 지역 산단의 경우, 산업데이터 수집·가공·분석 전진기지로 집중적으로 육성할 필요가 있다.

우리 제조업의 뿌리인 중견·중소기업의 AI 전환을 지원하는 것도 중요한 과제이다. 이들을 대상으로 AI 담당 인력의 양성, 데이터 수집·분석 장비 및 소프트웨어 보급을 속도감 있게 추진해야 한다. 또한, 분산전원, SMR, 신재생에너지 등 차세대 에너지원과 송배전망에 집중적으로 투자해 막대한 전력을 사용하는 데이터센터와 AI 관련 해외 기업을 우리 지역으로 유치하는 노력도 필요하다. 에너지와 AI를 결합하는 새로운 생태계가 구축되면, 이를 바탕으로 새로운 기술과 서비스를 창출하는 다양한 기업들이 지역에 투자하게 될 것이다.

방안① 지역의 혁신성장 '메뉴판'

메가 샌드박스 모델은 '기술', '산업', '컨셉'의 3개 리본을 조합해 탄생한다. 어떤 기술, 산업, 컨셉을 조합하는지에 따라 무수히 많은 모델이 나올 수 있다. 모델은 구체적으로 ① 집중할 산업/기술 선정, ② 아이디어 구체화(기술×산업), ③ 파급효과 및 시너지 등을 고려해 최적 모델 도출(기술×산업×컨셉)의 단계를 거쳐 도출된다.

먼저 ①단계에서는 '글로벌 대비 한국이 우수한 역량을 보유하고 있는 산업'과 '국내외 유망한 미래 기술·산업' 등이 고려될 수 있다. 딜로이트 컨설팅은 글로벌 부가가치액 순위를 기준으로 제조업, 금융보험업, 교육서비스업 등 10개 산업(제조업, 금융보험업, 교육서비스업, 숙박·음식점업, 공공행정·국방업, 유통업, 의료·보건업, 부동산업, 건설업, 에너지 공급업)을 글로벌 경쟁력 있는 한국산업으로 꼽았다. 미래 유망산업으로는 2030년 예상 시장규모 등을 바탕으로 인공지능, 로봇, 바이오 등 7개 산업(바이오, 인공지능, 우주, 수소, 로봇, 모빌리티, 원자력)을 선정했다. 이들 중 중복되는 산업을 제외하고 총 15개 산업을 골랐다. 그리고 미래 기술은 정부가 지난 2024년 정한 국가전략기술 12개를 기준으로 했다. 첨단 모빌리티, 차세대 원자력, 첨단 바이오, 우주항공·해양, 수소, 사이버보안, 첨단로봇 제조, 양자 등의 기술이 망라됐다.

②단계에서는 ①단계에서 도출된 기술·산업에 대해 결합 가능한 기술×산업의 조합을 검토해 지역에 도입 가능한 비즈니스 모델을 모색한다. 1차적으로 리스트업 된 기술×산업 조합을 '파급효과'와 '참신함'을 기준으로 평가해 최적 조합을 도출한다. '파급효과' 관련해서는 기업 입장에서 '해당 모델을 통해 신산업·기술 시장에 대한 선점 효과가 있는지'와 지역 입장에서는 '해당 모델을 이식했을 때 기업 유치 및 인구 유입 효과가 있는지' 등이 검토된다. '참신함'은 '신기술 활용 여부'와 '모델이 적용된 산업에서 새로운 시장이 창출되는지' 등이 평가된다. 딜로이트 컨설팅이 전문가 워크숍을 통해 예시적으로 도출한 기술×산업의 최적 조합은 144쪽의 그림과 같다.

③단계에서는 파급효과와 참신함을 기준으로 리스트업된 기술×산업 조합에 '컨셉'을 결합해 모델을 최종 도출한다. 딜로이트 컨설팅은 먼저 주요 인프라의 규모 및 활용방식에 따라 산업과 기술을 접목하는 도시화, 클러스터화, 첨단화의 3가지 컨셉을 제시했다. 도시화는 대규모 산업 인프라를 중심으로 산업의 전체 공급망을 집적화해 지역과 산업을 연결하는 방식인 한편, 클러스터화는 소규모 기술 인프라를 중심으로 공급망 내 특화영역에 대한 소규모 지역 생태계를 조성하는 방식이다. 첨단화는 성숙도 높은 산

● 기술-산업 조합표

워크샵 內 평가 기준: 파급 효과 / 참신함

산업/기술	인공지능	첨단로봇	차세대 통신 (5G)	양자컴퓨팅	사이버보안
수소		청정 H₂·NH₃ 수입 인프라 도입 및 무인화 진행 H H	H M	M M	L M
이차전지	이차전지 자원 순환 센터 및 대형 허브 구축 H H	L M	L L	M M	L M
차세대 원자력	H L	M H	L M	SMR 중심 R&D센터 구축 - 신형 원자로 설계, 신소재 연구 가속화 H H	L M
반도체·디스플레이	L H	H L	L M	L L	M M
첨단 모빌리티	자동차 공장 자동화·스마트화 목적의 데이터센터 도입 H H	L M	UAM 및 드론 등 항공 모빌리티 실증 H H	L M	L M
우주항공·해양	L H	지능형로봇 기반 우주항공 탐사 및 R&D 생태계 구축 H H	M M	M H	L M

출처: 딜로이트컨설팅

업에 미래 기술을 적용해 기존 생태계의 효율성 및 효과성을 제고하는 방식이다. 딜로이트 컨설팅은 또한 첨단기술을 지원하는 혁신환경을 구축하는 생태계를 조성하는 방식에 따라 기술실험 및 시장실험의 2가지 컨셉을 제안했다. 기술실험은 규모 있는 공간에 다양한 실험과 도전을 허용해 신기술의 검증을 가능하게 하는 것이다. 시장실험은 실제 소비자의 아이디어나 반응 탐색을 가능하게 해 기업 입장에서 다양한 신사업 기회를 발굴할 수 있도록 하는 것이다.

이와 같은 과정을 통해 도출된 메가 샌드박스 모델 중 참고할 수 있는 주요 모델들을 모아둔 것이 메뉴판이다. 메뉴판은 수많은 가능성 중 일부를 보여주는 예시로, 각 지역이 메뉴판을 참고해

● 메가 샌드박스 메뉴판 예시

지역 상황에 맞는 기술, 산업, 컨셉을 새롭게 매칭하는 방식으로 자체적인 모델을 고안할 수 있다.

메뉴 ① '제조 AI'는 대한민국의 시그니처 메뉴다. 글로벌 5위의 경쟁력을 지닌 한국 제조업(OECD)에 미래 핵심기술인 인공지능을 결합한 세트인 셈이다. "한국은 제조업 전반이 골고루 발달해 있고 지역별로 산-학-연 제조 클러스터가 밀집돼 있어 AI 접목의 효과가 매우 클 것"이라는 게 연구를 맡은 딜로이트의 진단이다. 울산(자동차, 조선, 석유화학), 창원(기계, 부품, 원자력), 포항(제철, 2차전지), 광양(제철), 여수(석유화학) 등 주요 기간산업이 밀집한 산단 및 특구 지역이 제조 AI를 추진해볼 만한 주요 후보지로 꼽힌다.

메뉴 ② '첨단 모빌리티'는 5년 후 성장가치 280조 원의 모빌리티에 로봇산업(5년 후 미래가치 420조 원)이나 유통산업(OECD 9위), 그리고 자율주행 기술을 결합한 모델이다. "모빌리티는 우리 일상생활과 물류 전반에 걸쳐 전후방 파급효과가 매우 크고, 미국·중국·일본 등 주요 국가도 시장 조성, 기술 개발에 박차를 가하는 만큼 우리도 획기적인 규제 해소와 인프라 구축에 나서야 한다"는 게 보고서 요지다. 자동차부품, 로봇산업이 함께 발달한 대구·경북, 넓은 개활지를 바탕으로 일본 우븐시티와 같은 테스트베드 조성이 가능한 전북 새만금 등이 시도해 볼 수 있는 메뉴다.

메뉴 ③ '한국형 나오시마'는 일본의 조리법을 따왔다. 섬과 육지, 섬과 섬을 연결하는 교량에 IoT(사물인터넷), 공간 스마트화 기술 등을 접목하고 개별 교량마다 모양과 색을 건설기업이 자유롭게 실험할 수 있게 하자는 메뉴다. 딜로이트는 "기존에 번성하던 해운업·제련소가 쇠락하자 섬 곳곳에 예술품을 설치하고 문화예술 리조트를 건설해 차별화함으로써 매년 1,000억 원의 경제효과가 발생하는 관광 중심지로 재부흥시킨 일본 나오시마 섬 사례를 참고했다. 이렇다 할 만한 산업 인프라가 없는 남해안과 서해안 도서 지역이 진행해볼 만한 메뉴다.

메뉴 ④ '금융 Haven(피난처)'은 두바이가 자국 법제가 아닌 영국법이 적용되는 국제금융센터를 조성한 사례를 바탕으로 개발한 메뉴다. OECD 6위의 경쟁력을 갖춘 금융보험업을 바탕으로 외국인 투자자들이 자유롭게 금융거래를 할 수 있도록 법적 규제를

● '한국형 나오시마' 예시

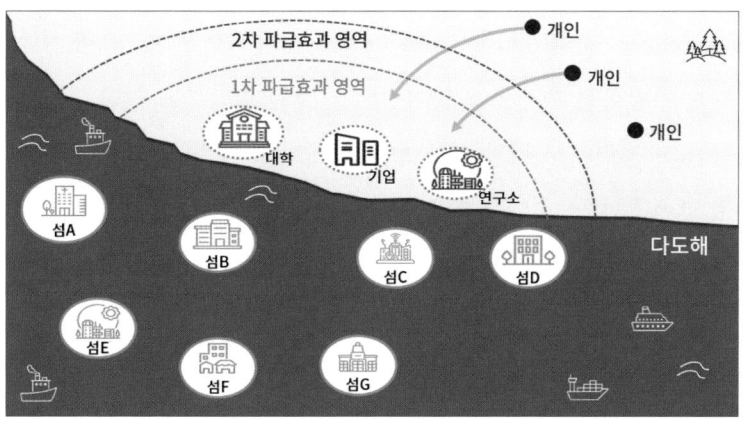

완화하고, 외환 거래소와 역외금융센터 설립 등을 추진해 NFT, 메타버스, 가상자산을 연계한 금융 클러스터를 구축하자는 모델이다. 거대 자본을 갖춘 중국·일본과 가깝고 외국인 유입이 많은 데다 지리적으로도 독립되어 있는 제주도나 금융허브도시를 추진 중인 부산, 국민연금공단 본사가 위치한 전북 등이 주요 후보지로 꼽힌다.

방안② AI 인프라 '한국 제조업에 찾아올 경이'

AI가 로봇, 모빌리티, 첨단 바이오, 자동화된 제조 공장, 디지털 트윈(Digital Twin) 등으로 빠르게 이식되면서, 제조업 현장에서는 또 하나의 혁신 엔진에 시동이 걸리고 있다. 실제로 AI로 가장 큰 임팩트를 받을 산업으로 제조업이 꼽히며, 수익성이 현재 대비 2035년에 4조 달러(약 5,710조 원)가 늘어날 것으로 보인다 (Accenture). 이에 각국은 AI를 어떻게 구체적으로 제조업에 이식하여 차별화된 혁신을 만들어낼 것인지를 고민하고 있다. 지금까지 AI가 자연어 처리와 정보 생성 등에서 보여 준 혁신 속도와 기술 발전 양상도 경이롭지만, 이들이 본격적으로 물리적 세계에서 어떻게 기존의 산업 문법을 바꾸고 지배 구도마저 바꿀 것인지 생각해 보면, 제조업에서 오랜 기간 경쟁력을 쌓고 유지한 한국에게는 더 큰 경이와 충격이 동시에 찾아올 수 있다.

세계은행에 따르면, 우리나라 제조업 비중은 2021년 기준 GDP 대비 25.5%로, 이는 OECD 평균인 13.3%의 두 배에 육박할 정도로 한국에서 제조업이 갖는 중요성은 크다. 또한, 우리나라는 유엔산업개발기구에서 발표한 제조업 경쟁력지수(CIP)에서 세계 4위를 차지하고 있다. 한국의 제조업은 앞으로 도래할 AI 시대에서도 여전히 중요한 위치를 점할 것이지만, 중국의 양적 팽창, 출혈 경쟁, 내수 시장을 앞세운 규모의 경제 전략 앞에서 글로벌 경쟁력이 점점 약화될 것으로 우려된다. 실제로 WEF에서 매년 발표하는 4차산업혁명 기술을 선도적으로 활용하는 등대공장 (Lighthouse factory)으로 2024년까지 총 189곳이 선정되었는데, 중국이 72개로 전체의 38%를 차지한 반면, 한국은 5개에 그쳤다.

또한, 격화하는 미·중 패권 경쟁은 트럼프 이후 미국의 신고립주의와 중국의 패권 추구가 맞부딪히면서 한국의 대외 경제 전략

● 세계경제포럼(WEF) 등대공장 현황

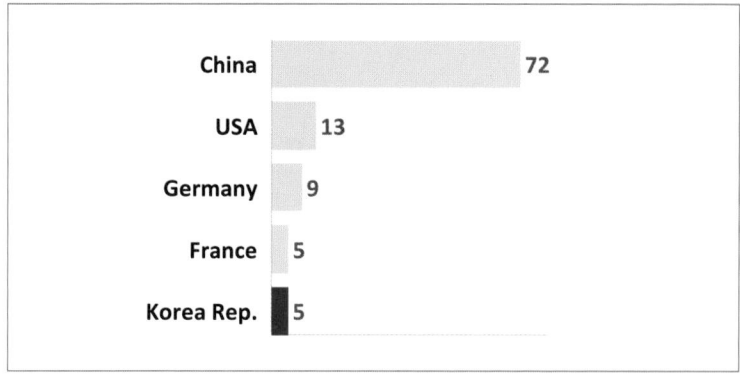

출처: WEF, 2024

에도 불안정성을 촉발할 것이다. 기록적으로 저조한 출생률로 인한 생산인구 감소와 인류 공통의 과제인 기후위기 역시 한국의 제조업 혁신 전환에 있어 AI를 받아들이는 것이 더는 선택이 아닌 필수 과제임을 가리키고 있다. 생산인력이 계속 줄어들 것으로 보이는 한국에서 제조업을 유지하기 위해서는 제조 현장에서의 자동화된 스마트 공정과 로봇의 도입이 필수적이다.

방안③ '제조 AI' 국가전략화 해야

메가 샌드박스는 이런 다양한 '제조업과 AI 융합'을 도전해볼 수 있는 실험장이 되어줄 수 있다. 산업별로 축적된 AI 노하우를 담을 수 있도록 규제와 인센티브 틀을 개선하고, 하나의 표준화된 사례로 산업의 구성원들과 공유해야 한다. 국가 전략화 해야 한다는 이야기다.

산업으로의 AI에서 이미 엔비디아는 가장 앞서나가고 있다. 폭스콘과 합작하여 AI factory를 만들었고, 이를 중국 톈진이나 선전 등의 산업 단지 내 중국의 Winstron, BYD, SAIC 같은 회사는 물론 중국의 주요 철강회사와 협력하여 자사의 Omniverse로 디지털 트윈을 구축하는 협정을 맺었다.

석유화학 같은 경우, 고부가가치 생산품 전환을 위해 전기화학 공정을 추가 도입하거나, 맞춤형 고성능 고온 촉매 등을 설계할 때 대학이나 정부 연구소에서 사전 연구한 결과를 이용할 수 있다. 이러한 기초-응용 연구를 현실로 적용하기 위한 사례 과제를 산-학-연 차원에서 협력 과제로 다수 발굴할 수 있어야 한다.

첨단 바이오의 경우, 개인 맞춤형 의료체계에 걸맞은 의료시스템으로의 전환, 질병 예측 및 맞춤형 사전 치료 등을 통한 전 국민 대상 의료비용 절감, 지속 가능한 의료인력 유지 및 의료 보험 체계 확충을 위해서라도 AI가 유전자 수준부터 반영되는 첨단 바이오산업에 대한 투자 정책을 이끌어야 한다.

한국이 앞으로도 계속 관리하고 보호해야 할 반도체 산업의 경우, AI 산업 자체의 린치핀(linchpin)이 되고 있다는 특수성을 이해하는 바탕 속에서, AI를 이용하여 제조 공정과 설계의 혁신을 만들 방안을 모색해야 한다. 특히 고객 맞춤형 고부가가치 시스템반도체 생산으로 이어질 수 있는 자동화된 최적 설계 프로그램과 멀티피직스(열역학, 소음, 공기 흐름 등 다중 물리 현상 분석) 반도체 신소재 설계에서 AI를 통한 혁신을 주도할 수 있는 산·학·연 합동 연구개발 과제가 추진될 수 있어야 한다. 이는 향후 양자컴퓨터 산업으로 연계될 수 있는 기반으로도 작동할 수 있을 것이다.

국가 안보와도 연계되는 조선업이나 정밀기계, 금융, 법률, 방위산업 분야에서는 외부로 공개가 어려운 AI 기반 혁신 알고리즘을 이식하기 위해 국책연구소나 정부 기관 주관으로 특정 산업에 적합한 보안 유지가 가능한 일체형 AI 시스템 도입을 추진할 수 있어야 한다.

온라인 공간에 있던 AI의 실질적 영향력이 제일 먼저 발현될 제조업 영역은 단연 로봇이다. 이미 국내외 대형 제조사들은 적극적으로 산업용 로봇을 현장에 도입해 왔고, 한국은 전 세계에서 로봇 집적도가 노동자 1만 명당 1,012대로 압도적인 1위를 기록하고 있다. 그렇지만 AI가 물리적 AI로 발현되는 것은 단순한 산업용 로봇의 확대 그 이상의 확산을 의미한다. 그 중심에는 휴머노이드 로봇이 자리 잡고 있으며, 이들 로봇은 특히 제조업에서 더 많은 혁신을 만들어낼 것으로 보인다.

미국의 인공지능 로봇 스타트업인 피규어 AI는 2024년 8월, 휴머노이드 로봇인 'Figure 02' 모델을 출시했는데, 이 모델에는 오픈AI의 GPT 모델이 이식됐다. 이미 BMW는 피규어 AI와 협력하

● 2023년 제조업 로봇 밀도 순위

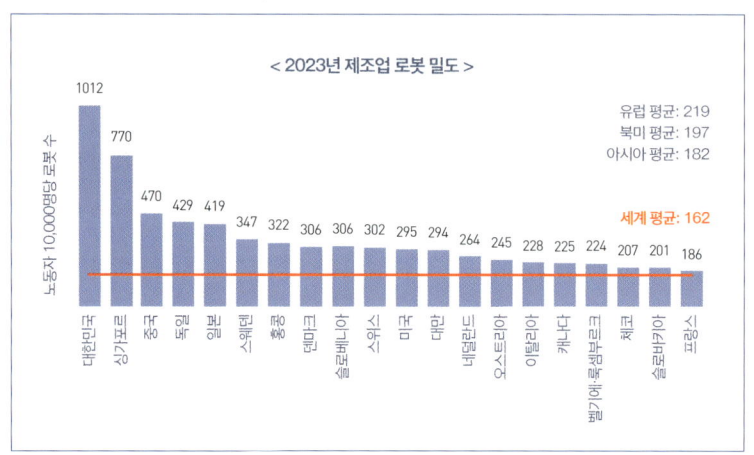

출처 : IFR

여 미국 사우스캐롤라이나주에 자리한 스파르탄버그 공장에 휴머노이드 로봇을 투입하여 그간 인간 노동자가 해왔던 작업 라인의 대체 가능성을 테스트 중이다. 자율주행차 기술에서 가장 앞서가는 테슬라 역시 자사의 휴머노이드 로봇인 옵티머스를 개량하여 자동차 조립 라인뿐만 아니라, 향후 물리적 AI가 활용될 수 있는 영역으로 적용 범위를 넓히려 하고 있다.

휴머노이드 로봇이 자동차 조립뿐만 아니라, 제조업 분야에서 인간이 그간 해왔던 위험한 작업 영역을 속속 대체하게 될 수 있다고 전망되는 것은 기본적으로 메타의 Llama 같은 GPT 모델이 오픈소스로 공개되어 독립 시스템에 설치될 수 있는 환경이 조성

● 휴머노이드 로봇

피규어AI의 'Figure 02'

테슬라의 '옵티머스'

출처 : 피규어 AI, 테슬라

된 데다 휴머노이드 로봇의 제작 비용이 크게 낮아지고 있기 때문이다. 2024년 기준으로 대당 3만 달러 수준까지 가격이 내려왔으며, 휴머노이드가 아니더라도, AI를 통해 학습한 센서가 이식된 정교한 로봇팔(ARM)은 훨씬 더 저렴한 가격으로 제조 현장에 도입될 수 있다.

산업용 로봇에서도 엔비디아는 자사의 Issac-SIM/THor 같은 인공지능-로봇 통합 솔루션을 중국 장쑤성, 광둥성의 가전, EV 공장에 확장 도입하고 있고, 이미 중국의 30개 로봇 SI 회사들이 엔비디아의 파트너사로 등록했다. 저출산으로 인해 산업으로 진출할 수 있는 인력이 계속 줄어들 것으로 보이는 한국에서 눈여겨볼 대목이다. 특히 기존의 산업용 로봇을 넘어, AI 기반으로 최적화될 수 있는 휴머노이드 로봇, 첨단 모빌리티 등의 무인 이동체는 제조업의 인적구조 개편전략, 인구구조 변동 등의 추세를 반영하여 개발 전략이 가속화되어야 한다.

'메가 샌드박스'는 단순히 "기업 투자를 유치하자"라는 주장이 아니라 미래 신산업을 고리로 글로벌 수준의 환경을 지역에 조성함으로써 새로운 기업 생태계를 만들고, 미래 성장 공간을 창출하여 지역 불균형과 지방소멸, 저출산과 산업 역동성 문제를 동시에 해결하자는 아이디어다. 정부와 정치권에서 메가 샌드박스에 관심을 가지고 적극적으로 나서 주기를 간절히 바란다.

Chapter 6
사회성과인센티브

– 정명은 –

"기업의 사회문제 해결성과가 경제적 가치만큼 인정받고 더 나아가
시장에서 보상될 수 있는 시스템이 만들어지면 어떻게 될까?
그러면 기업은 경제적 가치와 사회적 가치를 동시에 높일 수 있는
혁신적인 비즈니스 모델을 디자인하게 될 것이다"

사회적 가치와 경제적 가치의 단절 : 자원 배분의 비효율성

두 번째 실행모델은 '사회성과인센티브'다. 민간의 사회문제 해결 성과에 따라 보상해주는 시스템을 만들면 정부의 직접 세출보다 효율적인 기제를 만들 수 있다는 분석이다.

한국은 단기간에 세계 10위권의 경제성장을 이뤘지만, 사회의 지속가능성은 그 속도를 따라잡지 못하고 있다. 한국의 경제발전 수준 대비 UN SDGs(Sustainable Development Goals, 지속가능발전목표) 달성 수준을 살펴보면 이를 알 수 있다.

157쪽 그래프는 경제발전 상위 50개 국가의 지속가능성 순위를 비교한 것이다. 가로축에는 총 GDP 상위 50위 국가를 두고, 세로축은 이들 국가 간의 UN SDGs 달성 수준을 1위부터 50위로 매긴 것이다. 가로축의 경우 왼쪽에서 오른쪽으로 갈수록, 세로축

● 경제발전 상위 50개 국가의 지속가능성 순위(2024년)

의 경우 아래쪽에서 위쪽으로 갈수록 순위가 높아진다. 즉, 우상향할수록 우수한 국가라고 볼 수 있다. 대각선을 중심으로 위쪽에 분포한 국가(예: 핀란드, 덴마크, 체코 등)는 경제발전 수준 대비 지속가능성 수준이 높고, 아래쪽에 분포한 국가(예: 미국, 중국, 인도 등)는 경제발전 수준 대비 지속가능성 수준이 낮다. 2024년 기준 대한민국의 총 GDP는 12위지만, 총 GDP 규모 상위 50개 국가 중 UN SDGs 순위는 21위, UN SDGs 전체 167개 국가 중 순위는 33위이다.

158쪽 그림은 한국의 UN SDGs 지표별 변화 수준을 보여준다. 지표별 화살표가 우상향하면 점진적으로 발전하고 있다는 것을 의미한다. 빨간색이 가장 심각하고 그다음 주황색, 노란색 순이다.

● 대한민국의 UN SDGs 지표별 변화수준

출처: UN SDGs

SDG 1(빈곤퇴치), SDG 9(사회기반시설 산업화 및 혁신), SDG 3(건강과 웰빙 증진), SDG 4(양질의 교육 보장) 등 경제적 가치에 가까운 지표는 점진적으로 향상되고 있다. 반면, SDG 15(육상생태계 보호), SDG 14(해양생태계 보존), SDG 13(기후변화 대응), SDG 5(성평등 달성) 등 환경, 사회적 가치에 가까운 지표는 답보 상태이다.

기울어진 성장은 한계가 있다. 경제적 발전에 비해 사회·환경문제 해결 속도가 늦어지면 결국 경제성과의 일부가 사회·환경문제 해결 비용으로 투입될 수밖에 없다. 이를 반대로 생각해 보자. "사회·환경문제가 줄어들면 부담이 감소하고 미래를 위한 투자에 집중할 수 있다"[11]는 의미가 된다.

---

11. KBS 일요진단, 2025년 1월 19일, SK 최태원 회장 발언

경제, 사회, 환경의 균형적 발전에 대한 고민은 과거에도 미래에도 정부와 기업이 함께 풀어가야 할 과제이다. 멀리 거슬러 올라가지 않고 1990년대부터 미국을 중심으로 IT 혁명에 따른 기업활동의 변화 및 거시경제적 함의를 지칭하는 용어로 '신경제(New Economy)'가 등장했다. 신경제는 기술기반 성장, 혁신, 생산성 향상이 주요한 특징이다. 이를 활용한 정부와 기업의 협력으로, 클린턴-고어가 집권하는 동안 미국 경제는 역사상 최장 기간의 경기확장을 기록했다.[12]

이후 2008년 마이크로소프트의 빌 게이츠가 세계경제포럼(WEF, World Economic Forum)에서 제안한 창조적 자본주의(Creative Capitalism)는 기업이 발전시켜온 신기술, 제품, 서비스 혁신을 사회문제 해결에 투입하자는 것이었다. 기업이 단순히 이윤을 극대화하는 것뿐만 아니라 사회적 문제를 해결하는 데에도 적극적으로 기여해야 한다는 것이다. 빌 게이츠가 자신의 재단으로 저소득 국가에 백신을 공급하는 것이 대표적인 사례이다.

2008년 글로벌 금융위기 이후 등장한 '자본주의 4.0'도 기존 신자유주의의 한계를 극복하기 위해 유연하고 책임 있는 자본주의 체제가 필요함을 강조한다. 시장과 정부의 균형, 불평등의 완화, 사회적 책임 강조, 지속가능한 성장이 그것이다. 이후 자본주

---

12. 동아일보, 2009년 9월 2일, "新경제(New Economy)", 뉴욕대학교 양신규 교수 칼럼.

의 5.0이라고 불릴 만한 변화는 뚜렷하지 않다. 최근 몇 년간 이해관계자 자본주의, ESG 경영 등이 기업의 지향점과 관리 방향으로 확산되고 있지만, 저성장과 급변하는 글로벌 정치경제 판세에서 그 인기가 수그러들고 있는 모양새다.

  2010년 전후에 등장한 자본주의 4.0도, 2020년 전후에 등장한 이해관계자 자본주의도 뾰족한 해결책이 되지 못하는 이유는 무엇일까? 비시장 환경의 예측 불가능성을 높이는 사건의 발생이나 저성장 기조만 탓할 수는 없다. 현재의 시장시스템에서는 사회·환경적 가치와 경제적 가치가 분리되어 있기 때문이다. 기업의 시대적 사명은 사회적 역할을 기대하는 것으로 변화하고 있는 데 반해 기업의 행동 변화를 유인할 정책과 경제적 가치로 환원될 시장 메커니즘이 부족하다. 이에 대해 최태원 회장은 "만약 사회적 성과(Social Return)의 추구가 재무적 성과(Financial Return)로 연결되는 선순환 구조가 실현된다면 기업은 비즈니스를 통해 수익 창출과 지속가능성을 동시에 달성할 수 있게 될 것이다"라고 하였다.[13]

  저글링을 잘 하는 사람은 같은 힘을 써도 적재적소에 배분하여 힘을 덜 들이고 오래 즐겁게 공을 움직인다. 힘을 효율적으로 쓰는 것이다. 저글링을 못하는 사람은 상대적으로 더 많은 힘을 쓰

---

13. Shin, H., Imm, G., Jeong, M. E., Kim, H.-J., & Kim, H. (2024). Korea's Experiment With Pay-for-Success. Stanford Social Innovation Review, 22(4), 18–27.

고 공은 자꾸 떨어진다. 에너지를 엉뚱한 데에 쓰는 것이다. 사회적 가치와 경제적 가치의 단절로 인해 발생하는 사회적 비용은 다양하다.

첫째, 워싱(Washing)과 규제 비용이 발생한다. 기업은 경제적 성공과 함께 사회·환경문제에도 기여해야 한다는 이중 압력을 받고 있다.[14] 기업들은 기업의 생존과 성공을 담보하기 위해 CSR, ESG 등을 형식적으로 이것저것 도입하고 실제로 내재화하지는 않는 부정합화 전략을 실행하게 된다. 전략적으로 그렇기도 하지만 일면에서는 자연적으로 그렇게 되기도 한다. 소위 그린워싱(Green Washing), 소셜워싱(Social Washing)이 등장하는 이유이다. 기업의 가짜 일(Fake work)은 비효율적인 자원 배분의 전형이다. 정부와 시민사회는 이를 감시하거나 적발하는 규제 비용을 투입하고, 기업은 규제 대응에 비용을 투입하고 있다. 기업이 사회·환경문제도 해결하면서 돈도 벌 수 있는 시스템, 투자자들이 그런 비즈니스가 진짜인지 판단할 수 있는 시스템이 생기면 기업 스스로 워싱을 줄이고자 노력할 수밖에 없고 사회적 규제 비용은 다른 정책으로 이전할 수 있을 것이다.

둘째, 기업이 비즈니스와 무관한 사회공헌을 하고 있다. 한국 100대 기업의 사회공헌 현실을 보자. 한국사회복지협의회가

---

14. WEF. (2025). Beyond Compliance: Embedding Impact through Innovative Finance

2024년에 발표한 보고서에 따르면, 2023년 대한민국 100대 기업의 총 매출은 996조3,278억 원이며 사회공헌 지출 규모는 약 1조1,577억 원으로 매출액 대비 약 0.12%에 해당하는 것으로 나타났다. 여성가족부 2025년 예산과 비슷한 규모다. 속을 들여다보면 100대 기업 중 매출액 대비 사회공헌 지출 비율이 1% 이상인 기업은 3개, 0.5% 이상 1% 미만인 기업은 3개이고 나머지는 모두 매출액의 0.5% 미만으로 사회공헌을 하였다. 100대 기업의 사회공헌 프로그램의 31%가 아동과 청소년, 30%가 지역사회 중심으로 분포되어 있으며 산업군이나 기업 유형 등 기업 특성과 관계없이 사회공헌 프로그램 유형도 거의 천편일률적이었다. 기업이 보편적 사회공헌을 하는 것도 중요하지만, 기업의 비즈니스(경제적 활동)와 직접적으로 연계된 사회문제(사회적 활동)를 해결한다면 기업의 성장도 사회문제 해결도 더 지속 가능할 것이다. 또한, 자발적 사회공헌에 대한 다양한 칭찬이 있다면, 그리고 그 칭찬이 기업의 직접적 자원으로 연결될 수 있는 구조면 더 많은 기업이 즐겁게 경제, 사회, 환경이라는 세 가지 공의 저글링을 할 수 있을 것이다.

셋째, 기업이 착한 일에 대한 설득의 비용을 들이고 있다. 선한 의지만으로는 착한 일을 오래 하기 힘들다. 기업 외부의 사회·환경문제를 해결하는 것은 추가적인 비용을 집행하는 것이다. 경기가 좋고 기업 사정이 좋을 때는 충분히 베풀 수 있는 선한 의지이지만, 기업의 경제적 사정이 좋지 않을 때는 이를 지속하기 어렵다. 기업의 비즈니스 모델 자체가 돈을 벌수록 사회문제가 해결되거나, 사회문제를 해결하면 돈을 벌 수 있는 구조가 아닌 이상은 더욱 그렇다. 사회·환경문제를 해결하는 것이 윤리적·도덕적으로 정당한 일이지만, 눈에 보이는 경제적 성과로 보상받지 못하면 주요 이해관계자들로부터 비난받게 된다. 그런데 경제, 사회, 환경 세 개의 공을 잘 굴리는 기업이 잘 성장한다는 증거를 가시적으로 보여주면 별도의 설득 비용을 들이지 않아도 된다. 일종의 파이낸셜 스토리(Financial Story)다.[15] 정부도 마찬가지다. 기업에 사회·환경문제 해결에 동참할 것을 설득하지 말고 그런 기업들이 보상받을 수 있는 시스템을 만들면 된다. 정부가 모든 사회문제 해결을 직접 할 필요도, 모든 사회성과를 직접 보상할 필요도 없다. 시장 행위자들 간에 서로 보상하는 시스템을 설계할 수도 있을 것이다.

평가되지 못한 가치의 발견 : 기업 자산가치의 재정의와 측정

이러한 사회적 비용을 감소시키고 경제적 가치와 사회·환경적 가치 간의 높은 양의 상관성을 만드는 첫 번째 방법은, 기업이 두 가치를 높이기 위해서 들인 투입과 성과를 정확하게 기업 가치로

---

15. 연합뉴스, 2020년 10월 23일, "최태원 회장 '신뢰받는 파이낸셜 스토리로 더 큰 도약 이뤄야'"

산정하는 것이다. 기업 자산가치를 재정의할 필요가 있다. 창조적 자본주의와 이해관계자 자본주의는, 기업이 이해관계자에게 사회적 가치를 줄 수 있어야 한다는 규범적 정당성은 설명하고 있지만, 그런 기업의 가치가 높아지는 시스템에 대한 설명은 부족하다.

그간의 자본주의가 기업의 경제적 가치를 정확하게 측정하고 평가하려고 노력해 온 것에 비해 기업의 사회·환경적 가치, 외부효과에 대한 측정과 인정은 다소 야박하지 않았나 싶다. 시장에서 사회·환경문제도 다 같이 가치화되어야 한다. 이를 어떻게 설명하느냐의 문제이고 설명의 방법이 다를 뿐이다. 기업이 일부 경제적 가치를 손해 보면서라도 사회·환경문제를 해결하기 위한 비용을 투입한다면 이를 자산가치로 포함하여 평가해 줘야 한다. 또한, 미래의 사회·환경 가치를 높이기 위해 현재 투입하는 부채도 자산가치로 인정해 주고 이에 대한 투자가 있어야 한다. 사회·환경 자본과 부채를 자산가치로 포함하는 시도들은 이미 시작되었다. 특히 환경문제의 경우 탄소세, 탄소 배출권, 친환경 R&D에 대한 세액공제 등으로 발전하고 있으나 사회문제의 경우는 아직도 출발점에서 망설이고 있는 것 같다.

눈에 보이지 않는 가치를 측정하는 방법에 대한 평가도 야박했던 것 같다. 정확한가, 표준화되었는가, 신뢰할 수 있는가 등 의구심이 그러하다. 그런데 기업의 경제적 가치를 평가하는 대표적인 지표들, 주식, 상품 및 서비스의 가격도 완전무결한 과학적 산물이 아니다. 엄밀히 말하면 '합리적인 지표'보다는 '합리화된 지표'라고 볼 수 있다. 시장의 수요·공급에 의해 사회적으로 정해진 산물이다. 다수의 시장 행위자들이 '수용'하는 지표가 정답처럼 인정되고 있다. 2024년 11월 동경포럼에서 최태원 회장은 "인간의 역사가 오랜 기간에 걸쳐 경제적 가치를 측정하고 평가하는 지표들을 연구하고 선택하고 회계시스템에 반영한 것처럼 기업의 숨어있는 가치(Hidden value), 아직 발견되지 못한 가치(Unrecognized value), 아직 보상받지 못한 가치(Unpaid value)도 발견되고 시장교환 가능한 수준으로 측정될 수 있어야 한다."고 말했다. 물론 측정방법의 시장 수용도가 높아지기까지 경제적 가치 측정방법보다 오랜 시간이 걸리겠지만 계속 시도되어야 한다.

기업 자산가치를 재정의하는 것, 우리 사회가 그동안 가치 있게 여겼지만 외면해오고 보상하지 않았던 가치를 측정하는 것은 한편으로는 새로운 시장이 열린다는 것을 의미한다. 사회적 가치가 경제적 가치로 환원되는 대표적인 사례로 '케어 이코노미(Care Economy, 돌봄 경제)'의 등장을 볼 수 있다. 2023년 1월 세계경제포럼의 다보스포럼에서 보스턴컨설팅그룹은 케어 이코노미 규모를 추정한 결과를 발표하였다. 그간 측정되지 못한 가치를 화폐적으로 환산하였더니 새로운 시장이 보인다는 것이다. 이에 관심 갖는 기업의 자산가치가 향상되고 시장 평가·보상 시스템이 생기고 있다.[16]

이처럼 사회적 가치를 자산가치로 측정 및 보상해주는 시스템이 생기면 이와 관련한 투자자, 구매하는 소비자, 잠재 고객 등에게 그 이익이 돌아간다. 기업이 이해관계자들의 가치를 위해 희생하는 것이 아니라 서로 다양한 관계를 기반으로 가치를 주고받는 시스템이다. 이와 관련하여 2024년 스탠퍼드 소셜 이노베이션 리뷰에 실린 글에서 최태원 회장은 "기업은 큰 인적·재무 자본을 가지고 있다. 기업이 사회 구성원으로서 이 자원을 활용하여 사회문제를 해결하고, 이 기여가 적절하게 측정되어 재무제표에 반영돼 더 큰 기업 가치로 돌아온다면, 언젠가 더 많은 기업이 사회문제를 해결하기 위해 경쟁을 펼치는 날이 올 수 있지 않을까?"라고 말하였다.

어쩌면 측정보다 중요한 보상

평가되지 못하고 있던 가치를 수면 위로 드러내는 측정 자체가 기업과 사회에 고무적인 발전이다.

사회·환경적 가치의 화폐적 측정에는 몇 가지 장점이 있다.

첫째, 비교 가능성을 높인다. 사회적 가치를 경제적 가치처럼 화폐적으로 측정하면 종류가 달라도 비교할 수 있는 때가 올 것

---

16. 정명은·임가영(2024), "생산성과 DE&I를 모두 높이는 방법: Caring Company", CSES Issue Brief vol. 4

이다. 삼성전자와 현대차가 업종이 달라도 주식 주당 가격으로 가치를 비교하는 것처럼 말이다. 그렇게 되면 더 중요한 사회문제와 그렇지 않은 사회문제에 따라 시장의 수요와 공급이 결정될 것이다. 둘째, 관리 가능성이 향상된다. 눈에 보이지 않는 속성을 정량적으로 측정하면서 데이터가 축적되고 시계열 비교가 가능해진다. 이를 통해 기업은 전기 대비 사회적 가치를 높이기 위해서 어떤 자원을 어떻게 재배치해야 하는지 고민할 수 있게 된다. 셋째, 이해관계자들과 커뮤니케이션 하기에 용이해진다. 경제적 가치의 주주 환원이 화폐단위로 표현되는 것처럼 기업의 사회문제 해결 비즈니스가 주요 이해관계자에게 주는 편익이 화폐적 가치로 설명될 수 있다.

그런데 어쩌면 측정보다 보상이 더 중요할 수도 있다. 너무 간단한 이치인데, 보상 시스템이 생기면 평가하는 사람이 자신의 보상과 투자를 손해 보지 않기 위해서 더 정교한 측정체계를 찾을 것이기 때문이다. 또한, 빅데이터, 머신러닝, 블록체인 등 기술 개발은 측정의 용이성, 신뢰성, 타당성을 높여줄 것이다.

보상 시스템은 정부와 기업이 머리를 맞대고 설계해야 하며, 이를 위해서는 근본적으로 두 가지 관점의 전환이 필요하다.

첫째, '정부 중심에서 시장 중심'으로 전환해야 한다. 어떤 사회·환경문제가 얼마나 왜 중요한지는 동시대 사람들에 의해 사회적으로 구성되고 있다고 볼 수 있다. 모든 지역, 모든 종류, 모든 세대에 걸친 문제를 정부가 해결할 수는 없다. 정부는 탁월한 해법을 가진 더 많은 선수가 뛰어들어 사회·환경문제 해결에 동참하도록 운동장을 만들어 주면 된다. 정부 예산 책정에는 오랜 시일이 소요되는데, 사회·환경문제는 이를 기다려주지 않는다. 거기다 사회·환경문제의 양과 종류가 늘어나는데, 정부의 조세지출을 통해서만 해결하려고 하면 정부의 부담이 더욱 커진다. 문제와 해결책의 탈중앙화가 필요하다는 의미다.

둘째, '규제 중심에서 인센티브(보상) 중심으로' 전환해야 한다. Videc & Vedung의 연구에 의하면 정부 정책수단 유형은 크게 세 가지로 분류할 수 있다. 규제(Regulation), 보상(Economic means) 정보(Information)인데, 각각 비유하면 채찍(Sticks), 당근(Carrots), 설교(Sermons)라고도 한다. 전통적으로 부정적 외부효과에 대해서는 규제, 긍정적 외부효과에 대해서는 보상이 필요한 것으로 여겨져 왔다. 그런데 현재 사회·환경문제의 심각성과 속도를 보면 법적 의무 준수 수준인 최소 기준을 달성하는 것만으로는 문제 해결을 하는 데 한계가 있다. 규제의 범위는 정해주더라도, 법적 의무기준 외의 추가적인 비용을 투입하는 경우에도 마중물 성격의 보상, 긍정적 유인이 필요하다.

비용이 드는 긍정적 외부효과에 대한 보상의 대표적인 예가 독감 예방주사 무료 접종이다. 독감 예방접종을 하는 당사자에게도, 그로 인해 독감 확산을 방어할 수 있는 주변인에게도 경제·사회적 가치가 보상되는 구조인 것이다. 요구되지 않은 것보다 더 긍정적 성과를 창출하는 경우에는 보상이 따라야 한다. 상을 달라고 조르는 것이 아니다. 성과와 성공의 정의를 새롭게 하자는 것이다. 미리 목표한 환경성과를 달성하면 성공하는 방식(혹은 달성하지 못하면 규제하는 방식)이 아니라 추가로 달성한 성과에 대해 보상하는 시스템이 필요하다. 미보상 성과에 대한 정당한 자원 배분으로 사회 전체의 자원 배분 최적화를 도모할 수 있다.

보상의 방법과 경험적 증거

1) 사회성과크레딧

기업의 사회문제 해결성과가 경제적 가치만큼 인정받고 더 나아가 시장에서 보상될 수 있는 시스템이 만들어지면 어떻게 될까? 그러면 기업은 경제적 가치와 사회적 가치를 동시에 높일 수 있는 혁신적인 비즈니스 모델을 디자인하게 될 것이다. 그 결과, 사람들의 삶의 질이 향상되면서 시장에서 이를 인정받아 기업 가치가 제고될 것이다. 이상의 선순환 구조를 최태원 회장은 2013년 세계경제포럼의 다보스포럼에서 SPC(Social Progress Credits)라는 개념으로 제안하였다.

실제로 SK그룹은 사회문제 해결성과를 화폐적으로 측정하고,

그 성과에 비례하여 현금 인센티브를 주는 실험, 일명 '사회성과인센티브' 프로젝트를 시행하였다. 이 실험을 통해 2015년부터 10년간 한국의 468개 사회적 기업이 해결한 약 5,000억 원의 사회적 가치에 715억 원의 현금 인센티브를 주었다. 이와 관련해 세계경제포럼(World Economic Forum)에서 발간한 보고서, 세계 최고 수준의 경영학 학술지 등에서 SPC 가설에 대한 정량적 검증과 정성적 효과가 입증되고 있다. 또한, 지방자치단체에도 확산되고 있다. 2025년 4월 현재 여섯 개의 지방자치단체가 사회적 기업 지원 정책에 사회성과인센티브 방식을 도입하고 있다.

2024년 6월 제주특별자치도는 전국 지자체 최초로 사회성과비례보상제도를 조례로 지정하였다. SPC 개념과 가설을 구현해 보기 위해 지금까지는 현금 인센티브로 보상하였지만, 현재는 다양한 크레딧 제도에 관한 연구가 진행되고 있다.

2) 환경성과 크레딧

환경성과에 대한 시장 기반 보상 시스템의 대표적인 사례는 탄소배출권 거래(ETS, Emission Trading System)와 자발적 탄소시장(VCM, Voluntary Carbon Market)이다. 환경성과 및 관련 기술을 사고팔 수 있는 시장은 이미 만들어졌다. 지금은 현재 발생한 탄소가 거래의 대상이 된다. 그런데 미래 시점의 탄소 감축 성과를 예측하여 현재 시점에서 사전적으로 보상하는 시스템(사전 금융)

이 생기면 어떻게 될까? 기업은 약속한 탄소 감축 성과뿐만 아니라 더 적극적으로 탄소를 감축하기 위해 노력할 것이며, 투자자는 미래 수익을 기대하고 이런 기업에 투자할 수 있다. 그리고 이에 블록체인 기술을 사용하고 창출된 사회적 가치에 연결된 코인을 제공함으로써, 코인 자체에 모든 이전 거래, 즉 사회적 가치 창출을 추적하고 이를 코인 보유자에 대한 현금 보상을 계산하는 측정 수단으로 사용할 수 있다. 사회적가치연구원은 이러한 개념을 핵심으로 하여, 현재 탄소 시장의 한계를 보완하는 제도로 EPC(Environmental Protection Credits)를 연구하고 있다.

이러한 개념과 관련한 정부주도형 해외 사례는 캐나다 성장기금을 들 수 있다. 캐나다 성장기금(CGF: Canada Growth Fund)은 2022년 캐나다 정부가 조성한 150억 캐나다달러(약 15조 원) 규모의 기후금융 펀드로, 기후기술 혁신과 온실가스 감축을 촉진하기 위해 출범하였다. 출범 후 탄소 포집 및 저장기술(Carbon Capture & Storage, CCS) 스타트업인 Entropy의 100만 톤 규모의 탄소배출권을 15년에 걸쳐 톤 당 86.5캐나다달러(약 85,000원)에 선구매하는 계약을 체결하였다.

이 사례는 지방정부에서 민간 기업의 사전배출권을 매입한 최초의 사례로, 미래 탄소 크레딧 가격과 상관없이 정부가 미리 투자금을 회수할 수 있는 가격을 정했다는 점과 공공부문이 탄소 거래에 대한 중개 역할을 할 수 있다는 의의를 지닌다.

● 환경성과크레딧 해외사례 - 캐나다 성장 기금

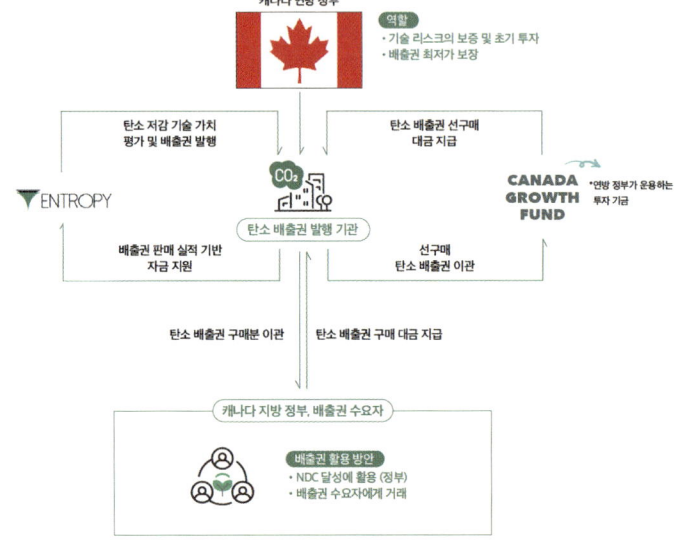

출처 : 사회적가치연구원. (2025). EPC 소개자료

3) 사회적 주식 거래

사회적 주식 거래(Social Stock Exchange)는 사회적 가치를 창출하는 기업과 비영리단체를 중심으로 하는 주식시장이다. 2013년 영국에 설립된 SSE UK가 세계 최초의 SSE였다. 친환경 에너지, 헬스케어, 공익금융 등을 주요 사업으로 하는 기업들이 상장되었다. 현재는 런던 증권거래소의 AIM(Alternative Investment Market)으로 통합 운영되고 있다. 그 외 캐나다의 SVX(Social Venture

Exchange), 브라질의 B3 SSE 등이 있었으나 비영리 투자 플랫폼으로 사회적 기업, B-Corp 기업, 협동조합, 비영리단체의 크라우드 펀딩 기능에 국한되어 있다. 2022년에 인도에 설립된 SSE India는 사회적 기업과 NGO가 주식과 채권을 통해 자금 조달을 하는 시스템인데, 사실은 정부 주도의 강력한 규제로 운영되는 시장이다. 성공 여부는 지켜봐야 한다. 이와 같은 사회적 주식 거래 시장이 성공하지 못한 이유는 주류 금융시장과 비교하면 규모가 작고 투자자 수가 제한적인 탓이 가장 크다. 결과적으로 사회문제 해결을 주요한 목적으로 하는 기업 및 조직으로 참여자가 한정된 거래시장은 오래가기 힘들다.

4) 사회성과기반 금융과 거래 가능성

사실 사회적 가치에 대한 보상과 시장 기반의 거래가 아주 새로운 개념은 아니다. 최근 들어서는 주류 금융자본의 유입이 활발해지고 있다. 시장의 사회적 가치에 대한 보상 방식은 임팩트 투자(Impact Investment), 혼합금융(Blended Finance), 임팩트 연계금융(Impact-Linked Finance), 성과기반금융(Outcome Based Finance) 등으로 발전하고 있다. 국제개발 관련 금융기관, 재단 및 기업을 포함한 많은 기관들이 유사한 제도를 시행하고 있다.[17] 2024년부

---

17. 임가영. (2025). "시장은 어떻게 사회적 가치를 보상하는가: 성과기반금융(Outcome-Based Finance)의 등장과 성장을 중심으로", CSES Issue Brief vol. 6

터 세계경제포럼 산하 슈왑재단(Schwab Foundation)에서도 포괄적으로 보면 재정적 보상을 측정 가능한 사회적 결과와 연결하는 성과기반금융(OBF: Outcome-based Funding) 메커니즘에 주목하고 있다. 해당 시장규모는 1,850억 달러에 이른다. 특히 최근에는 글로벌 기업들이 이와 같은 성과기반금융을 활용하여 경영전략상 편익을 얻는 사례들도 찾아볼 수 있다.

시장 기반의 보상은 달리 말하면 시장의 수요 공급에 의한 거래와 가격화를 의미한다. 2025년 6월 세계경제포럼 슈왑재단과 사회적가치연구원이 공동으로 발표한 보고서에 의하면, 글로벌 시장에서는 이미 '거래 가능한 임팩트(Tradable Impact)'의 담론화가 시작되었다. 물론 탄소 크레딧에 비해 사회적 가치는 몇 가지 특징으로 인해 상대적으로 거래화의 어려움을 겪고 있기는 하다. 사회적 가치는 탄소시장에 비해 표준화된 측정이 어렵고 임팩트가 지역과 지리적 차이에 따라 달라지는 경향이 있다. 또한, 임팩트의 외부성이 커서 임팩트를 특정 주체에 귀속하거나 검증하기 어려울 때도 있다. 이에 따라 WEF 슈왑재단은 임팩트(사회문제 해결 성과)를 거래하기 위해서는 수요와 공급, 임팩트 검증 및 측정 시스템, 표준화 및 가격 투명성, 강력한 거버넌스, 정책 및 공공부문의 지원이 필요하다고 제안하고 있다.[18]

---

18. WEF. (2025). Redefining Value: From Outcome-Based Funding to Tradeable Impact

5) 세액공제 등 정부 보상 제도

이상이 사회·환경문제 해결에 대한 시장 중심의 보상 방식(거래화)이라면, 기존 정부 중심의 보상을 시장화하는 것도 고려해 볼 수 있다. 이미 여러 국가에 UN SDGs와 ESG 경영을 독려하는 인센티브 제도들이 있다. 사회적 가치 창출 기업에 대한 법인세 감면 및 연구개발 비용 세액공제, 기부금 세액공제, 낙후지역 투자 세액공제, 취약계층 채용 세액공제, 녹색금융지원, 정부조달 우대, 탄소 감축 기술 기업에 대한 탄소배출권 무상 할당제도, 청정에너지 및 탄소 감축 기술 기업에 대한 세액공제 및 보조금 지급(IRA: Inflation Reduction Act), 친환경 기업 보조금 및 저금리 대출 지원 등을 예로 들 수 있다.

6) 세액공제권 거래

사회·환경문제를 해결하는 기업에 대해 정부가 세액공제로 보상을 늘리고 있지만, 기업이 이를 활용하는 데에는 어려움이 크다. 적자인 기업은 조세 혜택을 받지 못하거나, 경영 상황이 열악한 중소기업이 불리한 경우들이 있기 때문이다. 따라서 사회·환경문제를 해결한 기업이 얻은 조세 혜택을 자신이 필요한 시점에 빠르게 활용할 수 있게 하는 것이 필요하다. 즉, 사회·환경문제에 대한 조세 혜택이 기업의 경제적 가치로 적기에 전환될 기회가 주어져야 한다. 예를 들면, 자금이 필요한 기업이 자신에게 제공된 조세 혜택을, 이를 필요로 하는 다른 기업에 양도하는 거래를 통해 가능하다. 미국의 IRA는 2022년부터 프로젝트와 관계없는 제3자까지도 세액공제권 거래에 참여할 수 있게 허용하고 있다.[19]

도전과제: 고정관념과 경계를 허무는 시도

2024년 1월 세계경제포럼의 다보스포럼에서 세계적으로 유명한 기업들이 UN SDGs 달성과 사회문제 해결을 위해 2030년까지 새로운 이니셔티브를 출범하거나 기존 프로그램을 강화하겠다는 공동 서약을 했다. 한국에서는 SK그룹이 첫 번째 서약 그룹으로 참여하여 마이크로소프트, SAP, EY, 딜로이트, 이케아 등과 함께 하였다(WEF RISE Ahead Pledge 홈페이지). 사회적가치연구원과 트리플라잇이 매년 발표하는 '한국인이 바라는 사회문제'에 의하면, 국내에서도 국민들이 사회문제 해결의 중요한 주체로 기업에 거는 기대가 적지 않으며, 기대하는 영역도 변화하고 있다.

지금까지 본 글에서는 기업이 경제·사회·환경 세 가지 공을 가지고 오래 즐겁게 저글링할 수 있는 방법을 제안하였다. 그것은 첫째, 아직 측정되지 않은 가치(사회·환경성과)를 측정하여 둘째, 기업 자산가치로 인정해 주고 셋째, 시장 기반의 보상 시스템을

---

19. 조희진. (2025). "기업의 사회적 가치를 제대로 보상하는 방법: 세액공제권 거래". CSES Issue Brief vol. 8

제도화하는 것이다. 계약방식이 다양할수록, 사회·환경성과를 거래할수록, 의무 이상으로 가치를 창출할수록, 경제적 성과로 환원되는 시스템이면 더욱 좋다. 기업으로서는 자산가치를 높이기 위한 제도적 선택지가 많아지는 것이다. 이러한 변화가 기업에만 즐거운 일은 아니다. 정부도 이런 방식으로 사회문제를 정책 문제화하고, 문제를 해결하는 방법을 바꾸면서 얻는 편익이 생긴다. 사회문제 해결을 위한 규제, 조세지출에서 정부 방식의 투자로 전환하는 것이다.

고정관념과 경계를 허무는 시도는 항상 어렵다. 그렇지만 이 글을 읽는 독자가 이러한 변화에 기본적으로 동의한다면 다음과 같은 도전과제를 같이 고민해 볼 것을 제안한다.

첫째, 완전무결한 측정과 보상 제도를 기다리기보다 다양한 시도를 해보기를 바란다. 기업의 사회·환경적 가치를 기업 자산가치로 인정해 주는 측정, 회계, 다양한 보상 방식을 구상할 수 있다. 또한, 이와 관련한 많은 가설과 효과를 정부, 기업, 개인, 시민사회가 저마다의 방식으로 해 보는 것이다. 최태원 회장은 2024년 스탠퍼드 소셜 이노베이션 리뷰에 실린 글에서 다음과 같이 말한다. "물론 측정과 인센티브의 규칙이 미흡하다면 여러 가지 부작용이 발생할 수 있다. 그러나 부작용이 없는 완벽에 가까운 메커니즘을 설계하느라 시간을 너무 많이 써버린다면, 사회문제가 심각해져서 해결을 시도하기에 너무 늦어버릴 수 있다. 부작용을 두려워하기보다 혁신적인 시도를 통해 데이터를 축적하고 통찰을 쌓는 것이 더 중요하다." 실패의 경험이 더 나은 제도적 발전을 만든다.

둘째, 다양한 효과성 검증과 확산이 필요하다. 예를 들어, 한 국가나 기업의 경제, 사회, 환경 간 균형발전 노하우가 횡적으로는 다른 개발도상국으로 이전 효과가 있는지, 종적으로는 다음 세대에 이전되고 있는지 관찰해야 한다. 전 지구적인 '학습과 확산'이 필요하다. 한 기업의 저글링이 공급망에 있는 다른 기업의 가치와 종사자들의 행복에도 연결되는지 관찰해야 한다. 즉, 제도적 확산을 이끄는 선도적인 정부와 기업가 정신에 관한 연구가 필요할 것이다.

Chapter 7

그 외 논점들 :
"그때는 맞고, 지금은 틀리다"

– 최승재, 박문수, 조홍종, 서동현 –

"법과 제도가 본래의 취지를 잃고 성장의 걸림돌이 된다면
과감히 재정비하고 앞으로 나아가야 한다"
"성장하는 기업에 벌을 주고, 중소기업에만 혜택을 주는 방식은
피터팬 증후군을 심화시키고 기업의 합리적인 의사결정을 저해하는 것이다"
"AI 기술의 혁신적 발전은 노동의 본질과 인간의 역할을 재정의하고 있다"

"피터팬을 어른으로" - 중소기업의 기득권 해소

우리나라 중소기업에 대한 법제는 특이하다. 성장을 하지 않으면 혜택을 주지만 성장을 하면 혜택을 뺏어간다. 우리나라의 중소기업 법제를 보면 중소기업법과 중견기업법으로 구성되어 있다. 이렇게 기업의 크기에 따라서 별도의 법제를 만들어놓고 성장할수록 세액공제나 정부조달 선정 등 혜택을 박탈하는 것이다. 그러니 학생은 성장하면 초중고등학교를 졸업하지만, 우리나라 기업은 아무리 시간이 흘러도 아이로 남으려 한다. 이런 현상을 '피터팬 증후군(Peter Pan syndrome)'이라고 부르는데, 우리는 정부가 이를 조장하고 있다.

우리 정부는 중소기업을 보호, 육성하기 위해서 중소벤처기업부를 만들었다. 중소기업은 중기부의 예산을 기반으로 지원을 받는데, 2023년 중기부의 예산은 13조6천억 원 규모였으며 2025년 예산은 더 늘어나서 15조3천억 원이었다. 이는 간접적으로 중소기업이 받게 되는 혜택은 제외한 것이다. 반면 중소기업이 성장해서 대기업이 되면 공정거래법을 포함한 여러 법에 의해 규제만 늘어난다. 특히, 공정거래법 제31조에 따라 상호출자제한기업집단으로 지정되면 규제는 한층 더 촘촘해진다. 미국에서도 중소기업들에 대해서 정부구매 등에서 혜택을 주는 사례가 있지만, 벤처기업의 육성은 기본적으로 시장에서 자본주의의 원리에 따라서 움직인다. 그런데 우리나라 중소·벤처기업 육성은 시장의 원리에 따르는 게 아니라 정부 정책의 원리로 이뤄지고 있다.

이런 상황에서 우리 중소기업은 정부의 보호를 계속 받기 위해서 중소기업으로 남기 위한 노력을 할 수밖에 없다. 일부는 일정 규모 이하로만 성장하기 위해 기업을 쪼개는 등 편법을 활용하기도 하며, 이를 통해 중소기업만 받을 수 있는 세제 혜택, 가업 승계 과세 혜택을 유지하려 한다. 락앤락과 같은 중견기업들이 상속세 부담으로 가업 승계를 포기하고 외국에 매각되는 사례들을 보면, 중소기업만이 세제 혜택이 필요한 것이 아니라는 사실은 자명하다. 그런데도 '중소기업기본법'을 포함한 중소기업 법제는 기업의 성장을 오히려 막는 방향으로 작용하고 있는 듯하다.

이처럼 기업들에 규제에 의한 차익거래(regulatory arbitrage)를 하도록 부추기는 우리 법제가 타당한가를 생각해 보아야 한다.

● 중소기업 졸업유예 기업 수

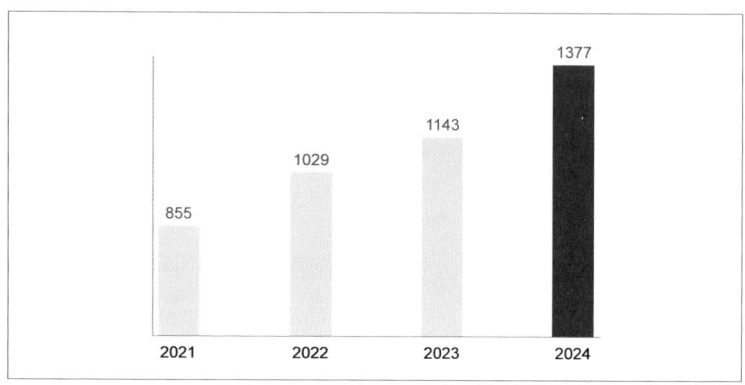

출처: 중소벤처기업부, 2025

　대표적인 중소기업 혜택으로는 중소기업 특별세액감면(지역 및 규모별 법인세·소득세 5~30% 감면), 창업중소기업 세액감면(최대 5년간 50~100% 감면), 고용증대세액공제(신규 고용인원 1인당 최대 1,200만 원 공제), 조달청 혁신 장터를 통한 공공조달 참여 등이 있다. 2023년 대한상공회의소가 최근 10년 내 중소기업을 졸업한 중견기업 300개사를 조사해보니, 전체의 77%가 중소기업 졸업 후 혜택이 줄고 규제가 강화되는 등 정책변화를 체감한다고 답했다. 특히, 그중에서 '조세 부담 증가(51.5%)'에 따른 애로가 가장 큰 것으로 나타났다. 이 때문에 중견기업 규모가 됐지만 '졸업유예'를 선택한 기업 수는 2021년 855개에서 2022년 1,029개, 2023년 1,143개, 2024년 1,377개로 매년 급증하는 상황이다.

● 갈림길에 선 피터팬의 고민

출처: ChatGPT 4o 생성

  단순히 규모에 따라 차등적 혜택을 주고 보호하는 현재의 중소기업 법제 하에서는 오히려 기업들이 중견, 대기업으로 성장하지 못하는 제도적 역설이 발생한다. 혁신성과 성장성을 갖춘 기업들이 성장할 수 있도록 지원을 집중하는 한편 중소기업 졸업 후 갑작스러운 혜택 축소 부작용을 완화하기 위해 중견기업에 대한 세제 혜택 등을 점진적으로 확대해야 한다. 그러지 않으면 우리 기업들은 영원히 어른이 되지 못한 채 '피터팬'으로 남을 뿐이다.

"대기업의 인프라를 국가 자산으로" - 공정거래법의 변화

  과거의 체계와 틀에서 만들어진 법과 제도는 때로 경제·사회의 발전 속도를 따라가지 못한 채 현재 우리의 성장을 가로막는 걸림

● 국가별 공정거래 관련 형사 처벌 여부

행위유형/국가	독일	EU	미국	일본	영국	한국
카르텔	X	X	O	O	O	O
시장지배력 남용행위	X	X	△	△	X	O
기업결합	X	X	X	X	X	(O→) X
불공정 거래행위	-	-	-	X	-	O

※ '△'는 사실상 집행 안함, '-'는 처벌조항 없음
※ 한국 '20년 공정거래법 개정시 '기업결합' 처벌조항 폐지. 기존 40년 동안은 처벌해왔음

출처: 법무법인 광장, '23.10

돌이 되기도 한다. 법과 제도가 본래의 취지를 잃고 성장의 걸림돌이 된다면 과감히 재정비하고 앞으로 나아가야 한다. 그 대표적인 예로 '독점규제 및 공정거래에 관한 법률'(공정거래법)을 들 수 있다. 1980년 제정된 공정거래법은 일본의 '사적독점금지법'을 모델로 삼았다. 일본의 '사적독점금지법'은 일본법으로서는 특이하게 대륙법계 국가이면서도 미국법의 영향을 받았다. 1945년 일본의 패망 이후 미국에 진주한 연합군 최고사령부(GHQ, General Headquarters)는 일본의 전쟁범죄가 일본 재벌에 의해 벌어졌다고 판단하고, 일본 재벌을 해체하기 위해서 미국의 '반독점법'을 모델로 삼아 '사적독점금지법'을 제정했다.

1980년 국가보위입법회의에서 제정된 우리나라의 공정거래

법의 경우, 당시 입법자들이 이런 일본법을 모델 삼아 한국의 재벌기업을 규제하기 위한 법제로 포함했고, 공정거래위원회는 이를 대규모 기업집단을 규제하기 위해서 활용하였다. 공정거래법은 이후 한국의 대기업그룹을 규제하고 처벌하는 법이자 기업집단 법제로 기능해왔다. 이는 세계적으로도 특이한 사례다. 독일은 콘체른(Kozern)이라는 기업집단을 규율하는 법제를 따로 가지고 있지만, 우리는 공정거래법이 이런 역할을 한다. 미국은 1890년 셔먼법 제정을 통해서 전 세계 최초로 독점금지법을 입법했지만, 우리나라의 공정거래위원회에 해당하는 연방거래위원회(Federal Trade Commission)가 대기업그룹을 규제하고 처벌하는 기관은 아니다. 우리나라의 공정거래법은 일본의 재벌해체를 위한 법을 모법으로 삼아 대규모 기업집단규제이자 독특한 법제로서 작용해 왔는데, 당시에는 이런 법이 필요했을지 모르지만, 지금도 필요한지에 대해서 다시 고민해봐야 한다.

성장을 위한 변화의 출발점은 공정거래법상 동일인 규제의 폐지이다. 공정거래상 '동일인'은 대규모 기업집단규제에서 중요한 개념이다. 동일인이란 기업을 실질적으로 지배하는 법인이나 자연인이다. 앞서 말했다시피 공정거래법의 모법인 일본 사적독점금지법은 전범 국가인 일본이 다시 전쟁을 일으키는 것을 막기 위해서 군산복합체(軍産複合體)인 재벌구조를 해체하여야 한다는 명확한 입법목적이 있었다. 이를 위해 지주회사를 금지해서 미쓰비

● 동일인 정의, 판단 기준 및 예외

동일인

공시대상기업집단 의무사항을 이행하는 최종 책임자. **기업을 지배하는 총수**.
공정위는 동일인이 지배하는 회사들을 하나의 기업집단으로 묶어 관리

동일인 판단 기준　　　　　※ 자연인 또는 법인 대상 **국적과 무관하게 적용**

① 기업집단 최상단회사의 최다출자자
② 기업집단의 최고직위자
③ 기업집단의 경영에 지배적 영향력을 행사하고 있는 자
④ 내·외부적으로 기업집단을 대표해 활동하는 자
⑤ 동일인 승계 방침에 따라 기업집단의 동일인으로 결정된 자

동일인 지정 예외조건　　　　　※ 4가지 조건 **모두 충족 시**

① 동일인을 자연인으로 보든 법인으로 보든 기업집단의 범위가 동일
② 자연인이 최상단 회사를 제외한 국내 계열회사에 출자하지 않음
③ 해당 자연인의 친족이 국내 계열회사 경영에 참여하지 않음
④ 자연인 및 친족과 국내 계열사 간 채무 보증, 자금 대차가 없음

출처: 공정거래위원회, 2024

시, 미쓰이, 스미토모 등의 재벌이 부흥하지 못하도록 작은 회사로 분할시켜야 했다. 그런데 1950년 한국전쟁이 발생하면서 맥아더 장군이 구상한 재벌해체는 실현되지 못하고 일부 규정만이 사적독점금지법에 반영되는 수준으로 입법되었다. 이와 비교하여, 우리나라는 전범 국가가 아니며, 광복 후 독립국을 형성하는 과정에서 경제성장을 위해서 국가를 대표하는 기업들을 육성해야 할 필요성이 있었다.

그러다가 1980년 공정거래법 입법 과정에서 일본 법제의 문언을 가지고 오면서 왜 이런 규율을 하여야 하는가에 대한 입법 근

거가 불명확한 상태에서 한국재벌도 같은 규제(예를 들어 '지주회사 금지')를 받게 되었다. 그리고 일본의 지주회사 금지가 풀리게 되자 우리나라에서도 똑같이 금지가 풀리면서 종래 금지되어야 할 악으로 간주하던 지주회사가 갑자기 선진적인 제도로 설명되었다. 현재 동일인 중심의 '기업집단지정제도'를 가진 국가는 대한민국이 유일한 상황이다. 전 세계 어디에도 국가의 재정을 사용하여 매년 기업집단의 구조를 조사하고, 이를 공시하고, 순위를 매기는 국가는 없다.

동일인 제도는 기업집단을 법인이 아닌 자연인을 중심으로 해서 규제하는 것을 원칙으로 하고 있다. 이 제도는 종래 혈연중심으로 소위 재벌총수라고 불리던 사람을 중심으로 해서 특수관계인을 정하도록 하고 있다. 이 제도의 근간은 동일인을 중심으로 해서 일정한 혈연관계가 있는 사람들은 지배력을 같이 할 것으로 판단하는 것이다.

종래 우리나라가 혈연을 중심으로 가문(家門)체제를 유지하고 있을 때는 사회적으로 어느 정도 수긍할 수 있었다. 그러나 점차 매우 가까운 혈연관계에 있는 자들 사이에도 경영권 분쟁이 생김에 따라서 종래의 혈연중심의 체제가 유지되는 것이 타당한가에 대해서는 의문이 제기되고 있다. 이에 따라서 공정거래위원회도 문제점을 인식하고 혈연관계에 의한 범위를 줄이는 방향으로 대응하면서, 사외이사의 경우 등에도 기업집단으로 합쳐지는 문제

(예를 들어 A사의 사장이 B사의 사외이사가 되면 A그룹과 B그룹이 하나의 기업집단으로 합쳐지는 것과 같은 문제)가 발생하게 된다. 동일인 중심의 기업집단지정제도는 문제가 제기될 때마다 제도가 개정되어 점차 제도가 복잡해지게 되었다. 이와 같은 개정은 지금은 폐지된 경제력 집중 억제 제도의 하나인 '출자총액제한제도'와 유사하다는 생각을 하게 된다. 출자총액제한제도도 우리나라 기업집단의 성장을 억제하는 '프로크라테스의 침대'[20]와 같은 역할을 하고 있었고, 이로 인한 문제점이 지적될 때마다 이를 개정하는 방법으로 유지를 하다가 결국은 폐지되었다.

현재 동일인 제도를 개선하기 위해서는, 지주회사 구조의 기업집단의 경우, 지배를 목적으로 하는 지주회사(법인)를 원칙적으로 동일인으로 지정하도록 개정해야 하며, 그 이외도 혈연관계가 아니라 실질적 영향력을 측정할 수 있는 수단을 마련하는 것이 옳다고 본다. 그리고 궁극적으로 이 제도를 폐지하고, 이 제도에 기대어 있는 특수관계인 결정의 문제(예를 들어 사익편취 등)는 자본시장법과 같이 동일인 제도를 전제로 하지 않아도 운용되는 것처럼 별도 규율하는 것이 타당하다. 그리고 '동일인' 기준의 운용과 관련하여, 현재 기업집단 지정 자료의 '제출의무'를 기업에 부담하도록 하고 있는데, 공정위가 이를 직접 조사하는 방식으로 개선할

---

20. 그리스 신화에 나오는 이야기로, 침대보다 길면 다리를 자르고, 침대보다 작으면 사지를 늘렸다는 것이다. 획일화된 기준으로 통제하려 할 때 사용되는 비유다.

필요가 있다.

요컨대, 일정규모 이상의 대기업집단 전체를 '사전 행위규제 방식'으로 규율하는 동일인 규제는 우리 경제의 지속적 성장을 위하여 전반적으로 재검토해야 한다. 성장하는 기업에 벌을 주고, 중소기업에만 혜택을 주는 방식은 피터팬 증후군을 심화시키고 기업의 합리적인 의사결정을 저해하는 것이다. 세계적인 경쟁력을 가진 국가대표 기업들을 양성하기 위해서는 큰 기업들을 양성하도록 제도 설계의 기본 틀을 바꾸어야 한다.

동일인 규제 외에도 공정거래법상 대표적인 규제로 '공익법인 의결권 제한'을 꼽을 수 있다. 대기업이 단순히 규제의 대상이 아닌 상생과 성장의 주체로서 활동하려면 기업 공익법인을 활성화해야 하는데, 우리나라에서는 공정거래법을 통해 기업집단 소속 공익법인을 규제하고 있으며 공익법인의 사회적 역할은 무시되고 있다. 영국 CAF(Charities Aid Foundation)에서 발표한 2023년 세계기부지수(WGI, World Giving Index)에 따르면 우리나라의 기부 참여지수는 38점으로 142개 조사대상국 중 79위를 차지했다. 이는 전년(35점, 88위) 대비 소폭 상승한 수치이긴 하나, 미국(5위), 영국(17위) 등 주요국보다 여전히 낮은 순위다.

한국의 기부 문화가 활성화되지 못한 것은 공익법인에 대한 강력한 규제가 주요 원인으로 작용했기 때문이다. 공정거래법은 상호출자제한기업집단 소속 공익법인이 보유한 국내 계열회사 주식의 의결권 행사를 원칙적으로 금지하고 있다(공정거래법 제25조 제2항). 다른 주요 국가와 비교해봐도 우리나라만 공정거래법에 의해서 공익법인에 대한 의결권을 제한하고 있으며, 상속세 및 증여세법상 출연기업의 주식취득을 제한하는 것도 우리나라가 5%로 가장 엄격하다. 독일과 스웨덴(발렌베리 사례)의 경우에는 제한이 없고, 미국(20%)과 일본(50%)은 제한은 있지만, 우리나라만큼 엄격하지 않다. 이런 점에서 보면, 우리나라는 공익법인에 대해서 부정적인 시각을 바탕으로 규제하고 있음을 알 수 있다. 장학재단이나 복지재단과 같은 공익법인의 역할이 필요함에도 이런 규제를 하는 것은, 공익법인들이 의결권을 가지게 되면 대규모 기업집단의 지배력을 높이는 수단으로 사용될 수 있다고 우려하기 때문이다. 그런데 의결권 행사를 금지하면 공익법인들이 보유하게 되는 자산의 가치를 떨어뜨리게 된다.

공정거래법을 통해 공익법인을 규제하는 대신 외부감사나 조세혜택에 대한 관리·감독 차원에서 접근하는 것이 타당하며, 공익법인들이 적극적으로 의결권을 행사할 수 있도록 허용하여야 한다. 공익법인이 의결권을 가지도록 해야 기업들이 공익법인에 출자하려는 유인을 제공할 수 있다. 개인적인 이익은 전혀 고려하지 않고 오로지 공익적인 이익만을 담보하라고 하는 것이 타당한 법률 설계인지 고려할 필요가 있다.

우리나라는 사회적으로 요구되는 복지수요(福祉需要) 대비 국가

재정이 부족하게 될 가능성이 크다. 사회적인 복지수요를 충족하는 방법은 크게 국가의 복지재정을 활용하는 방안(1안), 사회 구성원들의 기부를 받아서 대응하는 방안(2안: 자선단체), 기업 공익법인을 통해서 대응하는 방안(3안)이 있다. 이 중에서 1안은 국가 경제가 성장하는 크기에 의존할 것이므로 쉽게 단정할 수는 없을 것이나 우리나라의 세율은 이미 상당한 수준으로 더 세율을 높이게 되면 조세저항이 발생할 가능성이 크다. 소득세율이나 법인세율을 높일 수 없다고 하면 결국 소비세율을 높여야 할 것인데, 소비 세제를 다루는 것은 일본의 경우를 보더라도 많은 고민이 필요하다. 1안은 정부 재정의 한정성으로 인해 제약이 따를 수밖에 없다 보니, 2안과 3안에 대해 고민해봐야 하는데 지속가능성(sustainability)을 추구하는 측면에서 3안(기업 공익법인)이 바람직한 방향이라고 본다.

재단이나 신탁을 통해 창업자 사망 이후 기업 정신을 유지하기 위해서도 공정거래법 개정이 필요하다. 기업의 영속성(永續性)을 담보하기 위해서는 창업자가 물러나고 전문경영진이 들어온다고 하더라도 기업의 창업정신이 이어질 수 있도록 기업 공익법인에 창업자의 자녀들이 들어와서 이를 유지하는 방법이 있어야 한다. 예를 들어 해외에서는 미국 포드(Ford) 가문의 재단(foundation), 독일 보쉬(Bosch)의 재단(stiftung)이 이런 기능을 한다. 기업의 창업정신을 유지하기 위해 기업 공익법인에 '세제 혜택'을 주고, 이

● 주요국의 기업 공익법인 규제 비교

구분	Korea Rep.	USA	Germany	Sweden
보통주 면세한도 (상속·증여세법)	[상출집단공익법인]　5% [일반공익법인]　　10% [의결권 미행사]　　20%	[실질 지배시] 20% [제3자 지배시] 35%	X	X
의결권 행사 규제 (공정거래법)	[원칙] 상출집단공익법인의 의결권 행사 금지 [예외] 15% 허용 등 *임원 임명, 정관변경, 합병 등 限	X	X	X
기업재단·일반재단 차별 규제	O (상증세법·공정거래법)	X	X	X

출처: 대한상공회의소, 2024

　를 기초로 전문경영인이 회사를 잘못된 방향으로 이끌고 간다고 판단되는 경우에는 의결권을 통해 관여할 수 있도록 논의를 진행할 필요가 있다.

　공익법익의 세제 혜택에 대해서는 외부감사를 통해 감시하는 대신 의결권 제한과 같은 규제는 하지 않음으로써 공익법인이 의결권 행사를 통해서 기업 정신을 유지해나가면서 장학, 사회복지와 같은 역할을 할 수 있도록 하는 것이 바람직하다고 본다.

　국가 세수는 줄어드는데 복지수요는 증가하게 되면, 이런 문제들을 국가재정이 아닌 사회 내부에서 해결할 수 있도록 할 필요가 있다. 그런데 공정거래법은 기업 공익법인을 악으로 규정하고 가급적 공익법인을 만들지 못하도록 하는 태도를 취하고 있는 것으로 보인다. 기업 공익법인이 기업의 창업정신을 다음 세대로 이어가면서 의결권 행사를 통해서 기업의 경영진을 견제하고 장학과 사회복지와 같은 일을 영속적으로 해낼 수 있도록 현행 공정거래법상 공익법인에 대한 부정적인 태도를 바꾸는 개정 입법이 필요하다.

국가의 성장관점에서 보면 기업 성장의 활로를 열 수 있도록 규제를 완화하되, 대기업이 가진 강점을 활용해서 중소기업과 함께 성장할 길을 찾아야 한다. 이에 우리나라가 가지고 있는 전형적인 추격형 대·중·소 기업 협력시스템을 '혁신 연합 시스템'으로 전환하는 것이 필요하다. 혁신 연합 시스템이란 대·중·소 기업 간 협력이 혁신의 수단으로 활용되고, 수·위탁거래에 국한하지 않고 경쟁기업까지 협력의 범위를 넓히고, 신수종과 신산업 분야의 전략적 협력을 강화하고, IT·AI 등을 위한 새로운 파트너의 협력을 확장하는 것을 말한다.

추격형 시스템에서 혁신 연합 시스템으로 이행하는 과정에서 대기업의 공유경제 촉진자 역할이 매우 중요하다. 대기업의 비즈니스 인프라(정보력, 네트워킹, 경영 노하우 등)와 K-제조업의 기술, 공정 역량은 이미 글로벌 기업 수준으로 성장하고 발전했다. 그간 수위탁 중소기업은 대기업의 이러한 핵심 자산을 활용하였으나 사회 전반에 걸쳐 이행되지는 못하였다. 전환이 쉽게 이뤄지지 않겠지만, 대기업의 핵심 자산을 국가 차원의 인프라로 활용해 혁신적인 중소기업, 스타트업이 함께 이용하고 발전시키기 위해 지속적으로 도전해야 한다.

각 지역에 있는 창조경제혁신센터 거점을 다시 활용하는 방안도 있고, ESG를 중심으로 지속가능한 경영이 필요한 상황에서 혁신 연합을 함께 구축해도 되며, AI라는 기술 파고와 관세라는 무역 파고를 넘어 수출 확대와 신시장 개척을 위한 혁신 연합 방식도 좋다. 대기업과 대기업의 인프라를 규제해 성장을 막는 것이 아니라, 상생과 공유경제의 핵심 인프라로 활용해 지속가능한 경제성장의 기반이 되길 바란다.

"사회 난제 '상속세 문제'도 MSB로" - 토털 솔루션의 확산

우리나라의 상속세는 약탈적이라는 비판을 받는다. 상속세는 이미 세금을 다 낸 돈에 대해서 인간의 사망이라는 세법상의 사건을 대상으로 해서 이루어지는 과세이다. 인간이 상속한다는 것은 유전자를 이어주려는 인간의 특징이다. 리처드 도킨스가 쓴 『이기적 유전자』에 어느 정도 동의하는가와 무관하게 사람들은 왜 상속세를 내야 하는가에 대해서 의문을 제기할 수 있고 역사적으로 이 주제는 논쟁적이었다.

상속세를 정당화하는 논거는 상속을 통해서 출발점이 달라져서는 안 된다거나 부의 재분배 기능을 해야 한다거나 하는 것인데, 이는 상속세를 폐지한 국가들을 통해서 보면 논리 필연적인 것은 아니다. 특히 기업 상속을 기업의 영속성 확보라는 측면에서 보면

● 주요국 상속세 최고세율

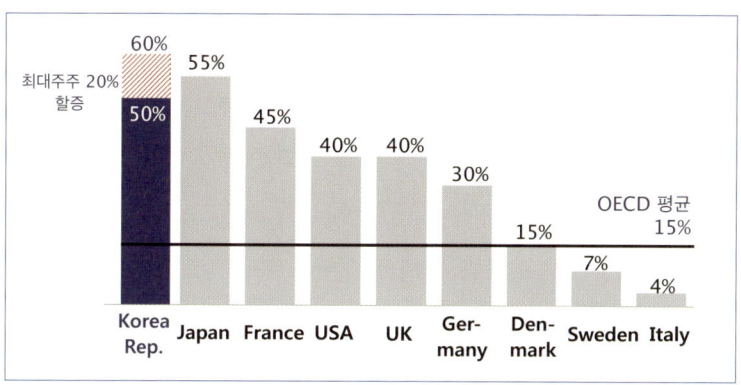

출처: 대한상공회의소, 2023

● 한국의 상속세 제도 특징

1	OECD 2위인 '**최고세율 50%**'
2	전세계 유일한 '**최대주주 할증과세(20%)**'
3	주요국 대비 낮은 '**최고세율 구간 30억**'
4	피상속인 상속재산을 기준으로 하는 '**유산세**' 방식
5	노령인구 증가·자산가격 상승에 따른 '**증세효과**'

출처: 대한상공회의소, 2023

상속세는 재고되어야 할 필요성이 있다. 우리나라의 경우, 검토대상 기업과 연구자에 따라 다르지만, 통상 2~3세대 정도의 계승이 있으면 세금으로 인해 그 가족이 기업에 대한 지배력을 상실하게 된다고 한다. 물론 현재도 중소기업의 경우, 제한적으로나마 가업승계에 대한 과세특례를 주고 있는데, 중소기업에만 한정되어야 할 이유는 없다고 본다.

우리나라에서 발생하는 회사법에서의 다수의 문제가 상속 세제와 관련된다는 점에서 이를 검토해야 할 필요가 있다. 중소기업이 아니라 하더라도, 규모와 상관없이 고용을 유지하고 사회적인 기여를 하는 기업의 유지 및 발전이라는 점을 고려하여 가업 승계 과세를 창설하고 이를 통해 상속세의 부정적 기능을 제어할 필요성이 있다. 그런데 이런 상속세 산정방식의 문제에서 나아가 현재와 같은 상속세 제도를 유지하는 경우, 가업 승계가 불가능하게 되는 것이 타당한가에 대한 논의가 필요하다. 법인이 아닌 개인의 경우에도 상속세율 인하와 조기에 부를 이전할 수 있도록 증여촉진 세제 도입을 고민하여야 한다.

상속세 제도를 유산취득세 방식으로의 개정하는 것은 이미 정부에 의해서 제시되었다. 현재 상속 세제를 유산세 방식에서 유산취득세 방식으로 변경하는 것은 기본적으로 사회적인 가족의 구성원이 가(家)의 개념에서 개별적으로 분절화되는 점을 감안하면 어쩔 수 없다고 본다. 2025년 현재 기재부가 이에 대해서 입법예고를 한 상태이다. 유산세 방식으로 인한 여러 문제점을 제거하기 위해서 유산취득세 방식으로 개정이 필요하다. 그리고 유산취득세로 인한 세원 문제가 우려된다면 공제의 대상 및 방식으로 충분히 대응할 수 있다고 본다.

경영권 관련 주식 상속에 대하여 자본이득세를 부분적으로 도입할 수도 있다. 이를 통해서 ①상속가액의 일정액을 초과하는 부분에 대해 자본이득세를 적용하는 방안, ②부동산이나 채권 등은 상속세를 적용하고, 경영권이 문제 되는 주식에 대해서는 자본이득세를 적용하는 방안, ③상속 개시 시점에 상속세를 1차 부과하고, 이후에 자산 처분 시 자본이득세를 2차로 부과하는 방안 등의 방식도 가능하다.

상속세는 부의 재분배와 관련된 민감한 이슈로, 상속세를 전면적으로 감면해주자는 이야기는 국민 정서상 반감을 불러일으킬 수 있다. 그렇다면, 메가 샌드박스를 활용해 지자체가 스스로 상속세 제도를 설정하고 다양한 선택지를 실험해보는 방안을 생각해 보면 어떨까? 'A 지역은 상속세 20% 감면', 'B 지역은 전체 감면' 등과 같이 지자체별로 여건에 맞는 상속 세제를 도입하면 기업도 지역별 혜택과 상황을 고려해 본사를 옮기는 등 합리적 선택을 할 수 있을 것이다. 이렇게 메가 샌드박스를 통해 쌓은 데이터를 통해 최적의 제도를 찾고 궁극적으로 법 제도의 혁신까지 이어나가야 한다.

"해외공장은 국부유출(?) 이젠 옛말" - 해외이전 인식전환

기업정책의 목적은 기업집단이 성장하면서 세계적인 경쟁력을 가지도록 하는 것이다. 대기업들의 인프라를 활용해 중소기업들과 상생을 도모하며, 상속 세제를 혁신해 중소기업들이나 대규모 기업집단이나 구별하지 않고 가업 승계가 이루어지도록 지원해야 한다. 그래야만 인공지능 기술과 같은 파괴적 혁신의 시대에 우리 경제가 생존할 수 있다.

여기서 짚고 넘어가야 할 것은 기업의 생산거점 선택을 제한해서는 안 된다는 것이다. 기업이 해외로 이전하거나 해외공장을 짓는 것을 단순히 국부유출이라고 여기면 안 된다. 지금도 산업을 육성하려면 모든 생산시설이 국내에 있어야 하고, 그렇기에 기업의 해외 진출을 제한해야 한다고 생각하는 사람들이 많이 있다. 하지만 이는 국제적인 블록화와 경쟁력을 유지하기 위한 우리 기업들의 수단을 박탈하여 국부의 증가를 막는 것이다. 해외투자는 산업적으로 기업이 유리한 여건을 찾아 필요한 퍼실리티(facility)를 옮김으로써 기업의 지속가능성을 높이는 행위이다. 우리나라의 연구개발시설이나 생산시설을 최적의 장소에 설치하고, 그 시설들을 관리·운용할 수 있도록 해야 한다.

우리 대표선수가 되는 기업들의 해외 진출을 막는 것은 손흥민과 같은 국가대표급 선수들이 영국 프리미어 리그와 같은 세계적인 리그에서 활동하는 것을 막는 것이다. 과거 최동원 같은 선수들을 메이저리그가 아닌 국내 리그에서 뛰게 하는 것이 국내 리그를 키우는 방법이라고 믿던 시절이 있었다. 하지만 정작 해당 스포츠가 발전하고 국제화된 것은 우여곡절 끝에 독일의 분데스리가에서

● 투자유형별 국내 제조기업의 총요소생산성 증가율

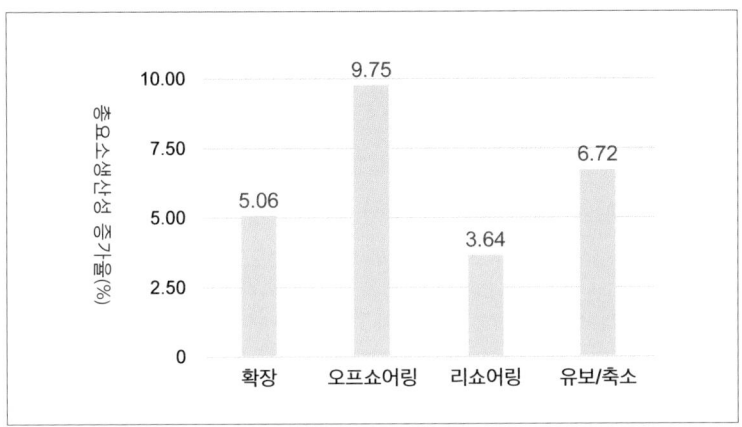

출처: KDI, 2021

뛰었던 차범근 같은 선수들이 있었기 때문이다.

　한국개발연구원에 따르면, 2008년부터 2019년까지 1,200개의 국내 제조기업을 분석해보니, 각자 여건을 고려해 해외시설 투자(오프쇼어링)를 진행했을 때 총요소생산성이 가장 크게 증가한 것으로 나타났다. 해외시설을 잘 관리하고 글로벌 체인을 운용하는 것은 개별기업들의 역량에 달린 문제이다. 기업정책의 역할은 우리 기업들의 해외 진출을 제한하지 말고 해외 생산시설들을 관리할 수 있도록 지원해주는 것이다. 요컨대 기업들의 글로벌 공급망 전략은 생존과 경쟁력 확보를 위해서 필요한 새로운 전략이며 이에 대해 인센티브를 주지는 않더라도 최소한 그것을 금기시하는 상황은 탈피해야 한다.

"중앙집권식에서 분산전원으로" - 에너지의 인식전환

교토의정서와 파리협약을 거치면서 탄소 중립이라는 거대한 화두가 숙제처럼 인류 앞에 놓여 있다. 최종적으로 우리가 사용하는 에너지의 형태는 열에너지 50%, 수송에너지 30%, 그리고 전기에너지 20%이다. 대부분의 열에너지와 수송에너지는 화석연료를 그대로 태우는 것이어서 탄소 중립을 위해서는 이 두 가지를 모두 청정한 전기에너지로 바꿔야 하고, 전기에너지도 청정한 발전원으로만 전기를 생산할 때 탄소 중립은 달성될 것이다. 탄소 중립이 요구하는 세상은 전기의 세상이다. 따라서 전기를 어떻게 얼마나 생산할지를 결정해야 하고, 전기를 어떻게 저장하고 이송할 것인가를 해결해야 하고, 전기에너지의 특성에 맞게 효율적인 시스템을 구축할 것이냐를 결정해야 한다.

석탄, 석유, 천연가스는 남의 나라 것을 사올 수 있고, 돈은 들지만 육상, 해상 및 항공 운송을 통해서 이송이 가능하다. 그러나 남의 나라 태양과 바람은 사올 수가 없고 송전망으로 연결해서 태평양과 히말라야를 넘어야만 국제적 연결이 가능해진다. 그런 이유로 국가의 지리적 상황이 에너지의 양과 효율성을 결정하는 치명적인 요소가 되고 있다.

이러한 가운데 AI는 기존의 산업혁명이 가지고 있는 모든 생산성 향상의 방식을 흡수하고 뛰어넘고 있다. AI로 인하여 데이터 정보통신의 혁명이 일어나고 급기야는 물리적 AI(물리적 법

칙과 데이터 기반 학습을 결합해 실제 현상을 더 정확히 예측하고 이해하는 AI)로 진행되고 있다. 다만 AI는 전기 먹는 하마다. NVIDIA의 GPU(Graphic Processing Unit)와 SK 하이닉스의 HBM(High Bandwidth Memory)이 집적되고, 병렬연산을 통하여 수 조개의 데이터와 수천억 개의 토큰을 연산하는 과정에서 전기가 필요하고 이때 발열이 나기 때문에 냉각시키기 위한 전기도 필요하다. 24시간 365일 끊임없는 주파수와 전압의 안정적인 전력공급이 핵심 과제이다. 미국 EPRI(Electric Power Research Institute)에 의하면, AI 데이터센터에 필요한 전기는 연간 15% 증가율을 보일 것이고 전체 전기 사용량의 9%를 차지할 것으로 예측된다. 우리가 일상적으로 구글 검색할 때 사용되는 전기보다 AI 기반 검색에 약 30배의 전기가 더 소모된다.

이제는 탄소 중립을 넘어 AI 세상에 대비하기 위한 충분한 발전설비와, 수요지를 연결하는 송전망이 핵심이 되었다. 용인 반도체 클러스터에 480조 원을 들여서 대규모 AI 반도체 생산단지를 구축하는 공사가 이미 진행 중이다. 국가의 미래 핵심 경제성장의 동력이 될 중요한 단지지만, 현재 한 공장당 1.3GW의 전기가 필요하고 클린룸이 두 배로 커지는 기술 발달로 볼 때 2배의 전기가 사용될 전망이다. AI 반도체 공장과 AI 데이터센터에 전기를 어떻게 공급할 것인가가 국가의 미래 성패를 결정한다고 해도 과언이 아니다.

● 작업 건별 전력 소비

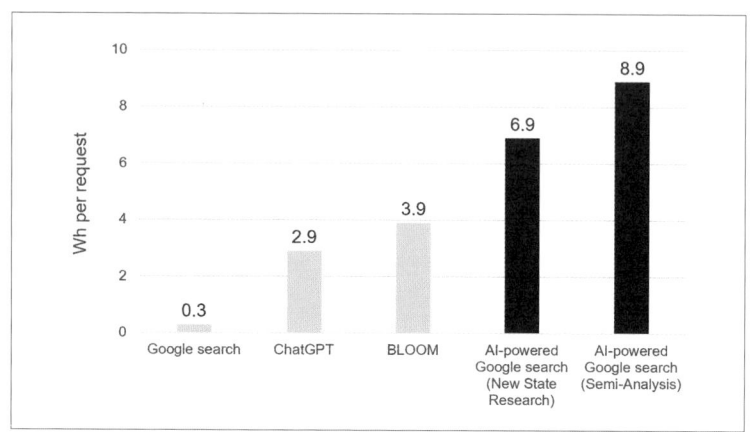

출처: 미국전력연구원, '24.6

　그러나 불행하게도 우리는 무 탄소 전원인 원전은 동해안에, 재생에너지는 남해안에 위치하는 등 전반적인 에너지가 지방에서 주로 생산되지만, 소비는 수도권에서 발생하고 있어서 지역적 미스매치가 매우 심각한 상황이다. 현재는 동해안에서 생산된 원자력 전기를 HVDC(High Voltage Direct Current)를 통하여 수도권까지 연결하는 공사가 진행 중이다. 태백산맥을 넘어와야 하는 현실은 그리 녹록치 않고 공정은 이미 수년이 늦춰지고 있다. 또한, 남해안으로부터 생산된 재생에너지는 서해안 해저 HVDC로 수도권까지 전력망을 연결하는 것을 계획 중이다. 이뿐 아니라 전국을 촘촘히 154KV나 345KV 송전망으로 연결해야 하지만, 지역적 반발과 천문학적 비용이 문제다.

핵심은 송전망을 건설하는 비용 대비 효과적인 전력시스템 구축이다. 특히 재생에너지의 간헐성과 변동성을 극복하기 위해서는 ESS(Energy Storge System)를 대폭 확장 설치해야 한다. 천문학적인 비용도 걸림돌이겠지만, 이틀만 연속으로 태양이 안 비추거나 바람이 불지 않으면 무용지물이 되어서 그리드 전기를 받아서 써야 한다. 가장 큰 문제는 대한민국의 전력시스템은 전국 단일 시장이며, 지리적으로나 시간적으로나 소매가격이 차별화되지 않는 매우 비효율적 시장구조에 머물고 있다는 것이다.

대한민국의 에너지 상황을 극복하고, 국토를 효율적으로 사용하고, 전기를 안정적이고 경제적으로 공급하면서 탄소 중립과 AI 산업경쟁력 확보라는 두 마리 토끼를 동시에 잡기 위해서는 에너지의 지리적 특성을 적극적으로 활용할 수밖에 없다. 이제부터는 지산지소(地産地消; 지역에서 생산된 에너지를 지역에서 소비)가 될 수 있도록 새로운 분산에너지 시스템으로 전환해야 한다.

현재 대한민국은 전력 생산과 소비의 미스매치가 심각한 상황이다. 서울은 자급률이 10%에 불과하고 가장 작은 대전은 3%밖에 되지 않는다. 자급률이 높은 곳은 석탄발전이 주를 이루는 충남(214%), 원전을 중심으로 한 경북(216%), 재생에너지가 많은 전남(198%) 등이다. 이렇듯 지자체별로 자급률의 정도가 매우 상이하고 발전원의 종류도 매우 다르다. 대부분의 소비처는 수도권이며, 지방의 남아도는 전기를 수도권까지 올려보내야 하는 북상 조

● 2023년 행정구역별 전력 자급률(단위: Twh, %)

소비량 > 발전량 (전력자급률 낮음)				소비량 < 발전량 (전력자급률 높음)			
지역	소비량	발전량	전력자급률 (%)	지역	소비량	발전량	전력자급률 (%)
경기	140	88	62	충남	50	106	214
서울	49	5	10	경북	44	95	216
울산	32	30	94	경남	36	45	123
충북	29	3	11	전남	34	67	198
전북	21	15	72	인천	26	48	187
대구	16	2	13	부산	22	37	174
대전	10	0.3	3	강원	17	36	213
광주	9	1	10				
제주	6	5	78				
세종	3.94	3.91	99				

출처 : 한국전력공사

류 문제를 해결하는 것이 현재 국내 전력시스템에서 가장 시급한 문제이다. 송전망으로 모든 문제를 해결하려는 시도는 더 이상 불가능할 것이다.

한전의 제10차 송배전망계획에 따르면 지금의 송전망 서킷킬로미터(C-km; 송전선로의 전깃줄 길이 단위)의 거의 1.5배 정도를 건설해야 하며, 제11차 전력수급 기본계획이 확정되었기 때문에 앞으로 이에 대한 송배전망 건설계획이 나오면 이보다도 훨씬 더 긴 송전망을 건설해야 할 것이다. 제10차 송배전망계획에서 계획했던 비용이 최소 56조 원이었기 때문에, 향후에 더 큰 비용이 추가될 것이다. 천문학적 비용도 문제이지만 주민들의 반발을 무마하면서 언제쯤 가능할지는 아무도 모르는 실정이다. 이제는 이러한 무리한 계획을 할 것이 아니라 새로운 전력수급 기본계획의 위상 정립과 분산형으로 전력계획 자체를 수정해야 한다.

이러한 송전망의 문제는 비단 우리만의 문제는 아니다. 미국도 발전설비는 늘어나는데 송전망 연결이 완공되는 재생발전소는 약 14%에 불과하다. 독일은 함부르크 위쪽의 풍력발전 단지에서 남쪽 뮌헨의 산업단지까지 약 800km 길이의 송전망을 깔아야 하는 실정이다. 싱가포르는 호주의 재생에너지 전기를 4,300km 해저 케이블로 가져오겠다는 야심 찬 계획을 밝혔으나 현실적이지 않다는 지적이다. 결국, 어느 나라도 송전망에 대한 획기적인 방안이 존재하지 않는다. 그래서 이러한 문제를 해결하기 위하여 다른 나라들도 분산형 전력시스템에 대한 관심이 높아지고 있다.

1) 미국

미국은 2020년 연방에너지위원회(FERC, Federal Energy Regulatory Committee)에서 order 2222를 통하여 국가 도매 에너지 시장을 분산형에너지자원(DER, Distributed Energy Resources)에 개방하라는 명령을 내렸다. DER 자원은 공정하게 경쟁할 수 있는 도매시장 접속을 허용한 것이며, 새로운 전력시스템 개선을 통하여 이러한 DER 자원이 자유롭게 접속할 수 있도록 중앙집권적 규제 시장에서 시장 중심의 경쟁체제로 한 단계 진보하는 형태

● 미국 빅테크의 원전 계약 현황

기술 기업	에너지 파트너	프로젝트 세부 사항	날짜
Microsoft	Constellation Energy	20년간의 전력 구매 계약을 체결하여 Three Mile Island 1호 원자로를 재가동하고, 이를 Microsoft 데이터 센터에 전력 공급하는 것을 목표로 함.	2024년 9월
Microsoft	Helion	핵융합 스타트업 Helion에 4억 2,500만 달러를 투자하여 2028년까지 핵융합을 통한 전력 생산을 목표로 함. 이를 Microsoft에 전력 공급하는 계획 포함.	2025년 1월
Google	Kairos Power	Kairos Power가 개발한 소형 모듈형 원자로(SMR)에서 전력을 구매하는 계약 체결. AI 관련 에너지 수요를 지원하기 위한 목적.	2024년 10월
Amazon Web Services (AWS)	Talen Energy	펜실베이니아 주 Susquehanna 원자력 발전소와 직접 계약을 체결하는 방안을 모색함. 이 계약은 AWS 데이터 센터에 전력을 공급하기 위한 것으로, 현재 FERC(연방 에너지 규제 위원회)의 검토를 받고 있음.	2024년 3월
Meta	미정 (제안 요청 진행 중)	2030년대 초반까지 1~4GW의 신규 원자력 발전 용량 확보를 위해 RFP(제안 요청서) 발행. 다수의 원자로를 건설할 수 있는 개발사를 찾고 있음.	2024년 12월 제안서 제출 마감: 2025년 2월
OpenAI	Oklo & 미국 정부	Sam Altman이 이끄는 OpenAI는 원자력 기반 데이터 센터를 위해 5GW 전력을 확보하려 하고 있으며, Oklo의 차세대 원자로 지원을 받고 있음. Oklo는 2044년까지 최대 12GW의 원자력 공급 계약을 체결함.	2024년 9~12월

출처 : 조홍종 교수 작성

의 시장을 구축할 수 있게 되었다.

재생에너지나 배터리 자원에 대한 접속을 보장함과 동시에 새로운 AI 데이터센터와 매칭이 되기 위해서는 전적으로 안정적인 전력공급이 중요한데, 빅테크 기업들은 원자력 발전소와 PPA(Power Purchase Agreement)를 통해 전력을 발전 부지에서 직접 공급받거나 현재 기술 개발 중인 SMR(Small Modular Nuclear Reactor)과 계약을 추진하고 있다.

AI 데이터센터들이 대도시 주변에 건설되고 전기를 워낙 많이 소모하다 보니 대도시의 전력공급에서 주파수와 전압이 불안정해지고 있다. 그래서 분산형으로 충분한 전력을 공급할 수 있고 부하추종(전력계통이 부하변동에 대응해 발전량을 조정하는 운전)까지 가능하며 안전한 SMR(소형모듈원자로)에 대한 기대가 커지고 있다. 하지만 SMR은 여전히 기술적 문제, 정부의 인허가 및 수용성, 경제성을 동시에 해결해야 한다.

또한, 미국에서는 천연가스가 저렴하기 때문에 천연가스 복합발전소를 AI 데이터센터 근처에 건설하여 전력을 공급하겠다는 계획도 증가하고 있다. 미국 버지니아를 중심으로 AI 데이터센터가 늘어났던 이유는 그 지역에 풍부한 천연가스 발전설비가 있었기 때문이며 지역의 보조금 정책도 한몫했다. 현재 미국의 가장 큰 발전원은 천연가스 발전이며 약 40%를 차지하고 있다.

앞으로도 트럼프 대통령이 공약한 대로 모든 연근해와 알래스카까지 천연가스를 시추하여 저렴한 천연가스를 공급함으로써 발전설비와 AI 산업단지와의 매칭을 시도할 예정이다. 지역적으로 AI 데이터센터나 수요지의 근접거리에, 특히 대도시 주변으로 천연가스 발전소를 건설함으로써 지역 수요와 발전설비의 지리적 매칭을 가장 중요하게 생각하고 있다. 주로 시카고나 텍사스 지역으로 이전하는 데이터센터 수요를 맞추기 위하여 대도심 근방에 건설 기간이 짧고 수용성이 높은 천연가스 발전소가 위치하기 좋은 환경을 갖추는 것이다. 분산 형태로 송전망에 대한 비용을 감축하고 동시에 전기를 24시간 365일 안정적으로 공급해서 전력시스템 안정화를 추구할 수 있기 때문이다.

2) 일본·중국

일본도 이미 2017년에 소매시장 전면 자유화를 시작으로 대형거래 도매전력시장 입찰 시스템을 개편하는 등 중앙집권적인 전력시스템을 시장 중심으로 바꾸고 있다. 2018년도 제5차 에너지 기본계획을 통해서는 전력시장 경쟁 활성화를 위한 송전선 접속에 대한 비용 우위로의 접속방식을 개선하기도 하였다. 2019년에는 기저 시장, 2020년에는 용량시장과 수급조정에 대한 규칙을 제정함으로써 점진적인 시장 중심 제도 개혁을 달성하고 있다. 최근에는 탈 탄소 시장을 개설하여 보조금에서 벗어난 다양한 발전원 간의 공정한 경쟁을 유도하고 이를 통한 전력 단가 인하를 유도하고 있다.

중국은 발전설비를 재생에너지부터 원자력에 이르기까지 대폭 늘리고 있다. 어떠한 특정 전원에 의지하기보다는 지역적으로 가장 효율이 높은 발전원을 대폭 증설하고 이를 위한 시장 중심의 대책을 세우는 식으로 진행하고 있다. 2021년 제14차 5개년 계획에서 재생에너지 및 분산전원 확대를 공식적으로 선언하고 송전과 판매시장 분권화를 통한 시장 주체 육성과 보조서비스 시장을 개선하기로 하였다. 2022년에는 국가발전개혁위원회와 국가에너지국에서 전국전력거래소를 설립하고 중장기, 현물 및 보조서비스 거래시장을 열기로 하는 등 중앙집권적 전력시장에 누적된 문제를 시장거래를 통하여 다양한 전력상품 거래로 풀려고 시도하고 있다.

이미 전 세계는 중앙에서 통제되는 전력시스템에서 벗어나서 시장 중심으로 변화하고 있다. 탄소 중립 달성을 위해 재생에너지 중심으로 에너지가 재편되는 상황에서 긴 송배전망을 다 건설하고 연결하는 것이 불가능에 가깝기 때문이다. 전 세계는 물리적인 발전시설과 수요지 간 매칭을 중시하고 시장제도를 통해 분산형 발전원을 유도하는 정책을 펼치고 있다. 처음에 발전설비의 위치를 정할 때부터 시장 보상과 규제가 동시에 작동하여 비용을 줄이고 소비지 근처에서 발전하고 매칭하는 시스템을 만들기 위해 노력하고 있다. 이러한 방식이 유일하게 송전 비용을 줄이고 전력시스템이 전압과 주파수를 맞추면서도 충분히 전기를 공급할 유일한 방안이기 때문이다. 각국의 지리적·경제적 사정이 달라서 매우 상이한 발전원을 가지는 것은 당연하지만 공통적인 사항은 분산형으로 전력설비를 갖추지 않으면 이제는 탄소 중립도 AI도 달성할 수 없다는 사실이다.

3) 분산에너지 시스템으로의 전환 제언

그럼, 지금 우리는 무엇을 해야 하는가?

첫째, 기존의 에너지 시스템을 완전히 개혁해야 한다. 분산에너지 시스템으로 진화하기 위해서는 다양한 하드웨어적 변화, 소프트웨어적 대응, 거버넌스 개혁이 필요하다. 가장 먼저 하드웨어 설비 계획의 변화는 현재 국가가 중앙집권적으로 계획하는 전력수급 기본계획을 아웃룩 형태로 변경해야 한다. 현재 11차 전력수급 기본계획은 향후 15년 후에 발생할 전력수요를 예측하고 발전원별 발전 비중만을 정해주고 있다. 이 과정에서 산업단지의 위치나 에너지 수요지와의 송전망 건설은 전혀 고려하지 않는다. 그렇기 때문에 수요의 불확실성과 더불어 발전설비의 효율이나 수요처가 원하는 전력이 적기에 공급될 것이라는 어떠한 근거가 없는 계획이 되고 현실적이지 않다는 비판을 받는다. 그리고 계획안에는 발전원별 비중에 따른 발전원가라던가 송전망 비용을 고려하지 않기 때문에 전기요금이 향후 얼마나 변동할지에 대한 근거가 전무하다.

현재 탄소 중립 로드맵을 맞추기 위해서 무 탄소 전원인 원자력과 재생에너지 중심으로 2038년에 무 탄소 전원 비중이 전체 전력발전량의 70%를 차지할 것이라는 계획은 급전 불가능한 두 가지 전원을 동시에 늘리는 방식이어서 시스템 비용이 기하급수적으로 늘 것이다. 현실적으로 재생에너지의 간헐성과 변동성을 원자력 발전소가 대규모로 부하추종을 해줄 수 없고 이를 해결하기 위해서는 전국을 송전망으로 거미줄처럼 뒤덮어야 가능하다. 배터리로 이 규모를 해결하려면 수천조 원이 들 것이 확실하다. 이러한 하드웨어적 발상을 이제는 뒤바꿔야 한다. 일단 설비의 위치를 고려하지 않는 하드웨어 설비 증가만을 고려한 전력수급 기본계획의 틀을 바꿔야 한다. 즉 발전량 비중이 중요한 것이 아니라 발전설비와 지역적 수요의 매칭을 먼저 고려하고 지역적 수요에 매칭되는 지역적 발전설비 계획으로 전환해야 한다. 이때 송전망 비용의 감소되는 효용을 계산하고 다양한 시나리오에 근거하여 전력가격의 변동을 분석해서 경제적이고 안정적인 전원이 공급되게 해야 한다. 분산형 에너지가 기본이 될 수 있도록 하드웨어적 기본계획부터 개혁해야 한다.

둘째, 기술기반의 분산형 에너지 시스템 구축과 지역 에너지 시장경쟁 활성화를 통한 소프트웨어적 대응이 필요하다. 현재 분산에너지활성화특별법은 분산특구를 통하여 다양한 형태의 분산에너지 시스템과 시장설계가 가능하도록 하고 있다. ESS나 VPP(Virtual Power Plant) 등을 이용해 중개사업자들도 전력판매가 가능하도록 하고 있다. 제도적 개방은 이미 시작되었으나 아직도 그러한 사업을 통하여 다양한 비즈니스를 개발하고 이윤을 창출할 기회는 여전히 적은 것이 현실이다.

전국망이 아니라 마이크로 그리드 형태의 지산지소 형태로 에너지가 거래되는 방향으로 진화해야 한다. 공급과 수요의 양방향 형태로 거래할 수 있도록 시장 정산 제도를 개선해야 한다. 현재 우리나라 산업용 전력요금이 180원/kWh에 도달할 정도로 급격히 올랐기 때문에 다양한 발전원들이 다양한 소비자와 매칭될 수 있는 지역 에너지 시장을 개설하여 에너지 판매 경쟁을 시작해야 한다. 전력 소매시장의 지역적 가격 차등이 목표이고 전력 도매시장의 차등과 연계하는 시장을 동시에 열어야 한다. 정확한 조류 분석을 통하여 지역시장의 구분을 명확히 하고 전력 도매가격의 차등을 소매가격 차등까지 연결하는 누구나 수긍할 수 있는 시장 설계가 필요하다.

2025년 3월부터 3만 KVA(30MW) 이상 전력사용자의 전력시장 내 SMP(전력시장가격) 직접구매제도가 가능하게 되었다. 판매사업자인 한전을 거치지 않은 전력을 직접 구매할 수 있다는 점은 한전도 이에 대해 준비하고 판매시장 경쟁에 대비해야 함을 의미한다. 한전도 시장을 꼭 뺏긴다고 생각할 것이 아니라 지역 판매 경쟁에 자회사 형태로 뛰어들어 공정한 시장경쟁을 한다면 사회적인 편익을 창출하고 기업으로서도 손해만 나는 일은 아닐 것이다. 이미 시장은 열리고 있다. 송배전망을 영원히 무한정 연결하는 책임에서 벗어나기 위해서라도, 그리고 사회적 비용 최소화를 위해서도 이러한 시장의 변화를 잘 이용할 필요가 있다. 시장을 다원화해야 한다. 이미 친환경 에너지를 구매하는 과정에서 발전

사업자와 수요자가 직접 계약을 맺는 직접 PPA(Power Purchase Agreement) 등이 활성화되고 있다. 소규모 분산 재생에너지 자원을 수요자와 직접 연결하는 직접 PPA 계약이 늘어나고 있다.

　네이버나 카카오 등의 테크 기업들이 소수력이나 태양광 사업자와 직접 PPA 계약을 맺고 RE100용으로 활용하는 비즈니스 모델들이 많이 나타나고 있다. 한전을 통한 제3자 PPA도 가능하게 되어 있기 때문에 한전도 이에 대한 대응과 경쟁이 가능한 구조로 변모하고 있다. 현재는 RE100을 위한 수단을 위한 소규모의 분산전원들이 참여하고 있어서 그 규모가 크지 않다. 앞으로 시장이 확대되고 경쟁이 가능한 구조가 된다면 다양한 전력판매 사업도 가능할 것이고 가격구조도 다양화될 것이기 때문에 사회적 편익이 늘어나는 방향으로 전력시장도 변모하게 될 것이다.

　셋째, 탄소 감축 크레딧 시장을 적극적으로 활용하여야 한다. 현재는 정부가 주도하는 개별 국가 중심의 NDC(Nationally Determined Contribution)를 달성하기 위해서 강제적으로 물량을 제한하여 할당하고 거래하는 규제적인 배출권거래제(Compliance Emission Trading System)를 운용하고 있다. 이러한 시장은 일국 모델일 뿐만 아니라 최적 배출량을 산정하는 것은 이론적으로만 가능할 뿐이다. 최적 사회적 배출량을 결정하는 것이 이상적이기 때문에, 국가 주도의 강제적인 목표를 제시하고 이를 따르게 할 뿐 아무런 경제적 유인 메커니즘이 없다. 지구온난화를 막기 위한

● EPC(Environmental Protection Credit) 메커니즘

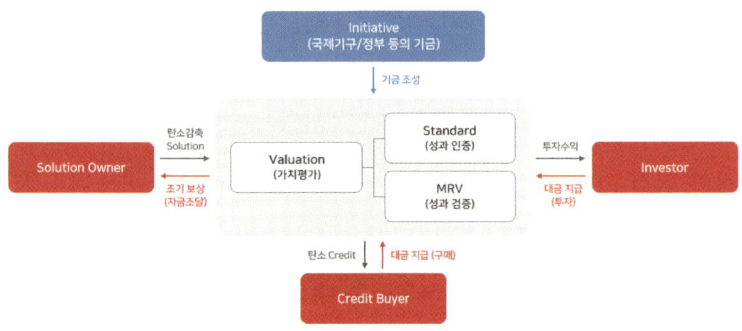

출처: 사회적가치연구원

인류의 노력은 한 국가나 한 기업이 열심히 한다고 지켜지는 문제가 아니며, 글로벌 사회 전체가 노력하도록 만드는 유인이 없으면 절대로 지켜질 수 없는 공허한 약속에 불과하다.

이제부터는 자발적 감축을 하되 감축을 유도할 수 있도록 경제적 금전적 인센티브를 제공해야 한다. 환경보호 크레딧(Environmental Protection Credit)과 같은 잠재적 탄소 감축 효과를 바탕으로 기후테크 기업에 조기 보상을 제공하여 선투자할 수 있는 재정적 여력을 먼저 부여하여 기술적 상용화를 앞당기도록 해야 한다.

테슬라 같은 기업도 사업 초창기에는 전기자동차(EV, Electric Vehicle)를 생산하여 이윤을 낼 수 없던 수년 동안 친환경 기업으로서 선 할당된 탄소 크레딧을 팔아 재원을 마련하고 투자하여 지

금과 같은 전기자동차 최강자로 올라설 수 있었다. 우리 기업들이 친환경 투자를 늘려서 좋은 기후테크 기술을 선보인다고 하여도 수요자가 이를 비싼 가격으로 사줄 시장이 존재하지 않는다. 친환경 기업이 기술투자와 이윤창출의 선순환 구조를 만들기 위해서라도 환경보호 크레딧 형태로 탄소 저감에 대한 크레딧을 부여하고 투자자는 이를 거래할 수 있는 시장 메커니즘이 필요하다. 미래에 친환경 기후테크 기업이 국부를 창출하게 될 세상에 대한 선투자가 절실히 필요한 시점이고, 이를 위해서 국내 친환경 기술투자를 위한 탄소 저감 인센티브 크레딧 발행과 이를 유통할 시장이 필요하다. 기후테크를 통한 감축량을 예측하고, 그에 해당하는 환경보호 크레딧을 선지급하고, 이를 투자하게 하여 기술로 친환경을 달성하고 지구온난화에 대응해야 한다. 그래야만 친환경 시장이 형성될 수 있고, 기업들은 그러한 시장에서 제품이 판매되어 친환경 투자에 대한 선순환 구조를 통해서 성장할 수 있게 되는 것이다. 지금부터는 대한민국이 탄소 저감에 대한 시장 메커니즘을 선도해야 하고, 기후테크 기업을 많이 보유한 미래 선도국가가 되어야 하고, 환경과 탄소 저감 크레딧을 공신력 있는 기관을 통해 발행하고 글로벌에서 거래하는 기후테크와 탄소 금융 선진국이 되도록 해야 한다.

넷째, 에너지 거버넌스 개혁이 필요하다. 에너지 거버넌스를 분권화해야 한다. 정치권이 바뀔 때마다 본인들이 원하는 에너지원

● 기존 에너지 vs 분산 에너지

구분	기존 에너지 시스템	분산 에너지 시스템
인프라계획	- 중앙집권적 전력수급기본계획	- 지자체중심 전력설비계획 - 전력수급 outlook화 - 시장가격 기반의 진출입 허용
전력거래	- 강제풀시장 - 전국단일요금 - 독점적 판매시장	- 지역별 소매가격 차등 - 시간별 소매가격 변동 - 판매시장 경쟁 도입
탄소크레딧 시장	- 정부규제시장(ETS, Emission Trading System)	- 자발적탄소시장 - 탄소감축크레딧시장 - 글로벌자발적탄소거래메커니즘
거버넌스	-정치권에 발목잡힌 규제 -요금규제 -이윤규제	- 독립 에너지 규제위원회 통한 탈정치화 - 시장질서에 맞는 원가연동 요금제 - 시장경쟁을 통한 요금인상 억제

출처: 조홍종 교수 작성

을 주력으로 하려는 모든 시도를 배격해야 한다. 에너지 정책은 과학적 사실에 기반해야 하고, 경제적 개념에 입각해서 비용과 편익을 분석해야 하고, 비용증가를 민주적 절차에 의해 소비자들에게 동의를 구해야 하는 매우 중요하고 국가의 근간이 되는 정책 집행이어야 한다. 에너지 거버넌스는 아직도 행정부 중심의 계획 경제적인 수준이고, 정치권은 에너지를 산업으로 보지 않고 공공영역이 담당해서 물가안정에 기여하는 미미한 도구에 불과하다고 생각하는 수준이다. 그래서는 AI 시대에 살아남을 수가 없다. 에너지에 대한 합리적 미래 정책을 위해서는 독립적인 에너지 규제위원회가 필요하다. 정치적 스윙을 통해 에너지원을 구분하고 정책의 도구로 삼을 것이 아니라, 합리적으로 AI 산업을 육성하고 한국경제를 AI 중심으로 재편하기 위한 탈정치화된 독립적 정책 결정이 필요하다. 에너지를 산업으로 바라봐야 하고 미래 세대를 위한 경제성장의 기본 틀로 바라봐야 하고 국토 균형발전을 위한 종합적 시각으로 바라봐야 한다. 지산지소가 기본이 되는 거버넌스가 구축되기 위해서는 독립적 에너지 규제위원회를 통하여 전력과 가스를 아우르는 종합 에너지 시장에 대한 통합 규제 거버넌스를 구축해야 한다. 전력, 열에너지, 용수 문제에 이르는 종합적 수요처의 요구를 공급자와 연결하기 위해 종합적 국토 인프라 설계와 연계하여 지역경제를 부흥하고 국토를 효율적으로 이용하는 것까지 규제위원회가 역할을 해야 한다.

한국경제의 미래 경쟁력은 AI에 달려있다고 해도 과언이 아니며 그 중요성은 수만 번을 강조해도 지나치지가 않다. 미래 산업 경쟁력을 AI가 결정한다면, AI의 경쟁력은 전력시스템의 효율화가 결정할 것이다. 전력시스템이 효율적으로 운영되기 위해서는 기존의 중앙집권적 시스템을 탈피하고 분산형 전력시스템으로 진화해야 한다. 인프라 구축부터 지산지소형으로 설계하고 지리적, 시간적 보상체계를 구분함으로써 시장질서를 통한 경쟁을 촉진하고 효율적 자원 배분을 해야 한다. 대한민국의 미래는 에너지의 분산화를 통하여 시작한다. 분산에너지를 통하여 AI에 안정적이고 경제적인 에너지를 공급하고 AI를 통해 국리민복(國利民福)을 달성할 수 있게 해야 한다.

"AI 시대 일자리를 늘리는 방식" - AI 시대 노동 시스템

과거에는 복잡하고 오랜 시간이 소요되는 업무일수록 인간의 노동력이 필수적이었으나, 최신 AI 기술은 이러한 인간의 역할을 급격히 변화시키고 있다. 오늘날 제조업의 생산 공정은 고도의 자동화를 통해 인간의 개입을 최소화하며 24시간 가동이 가능해졌다. 심지어 조명조차 필요 없는 이른바 '라이트 아웃(lights-out) 공장'이 현실화된 것은 AI, 로봇, 센서로 연결된 자동화 시스템이 최소한의 인간 감독만으로 운영될 수 있음을 시사한다.

AI가 장시간에 걸쳐 자율적으로 업무를 수행하게 되면, 인간의 역할은 어떻게 변화할까? AI가 생성하는 결과물의 중요성과 비중이 커짐에 따라, 인간은 직접적인 작업 수행자에서 AI의 작업을 관리하고 최종 결과물을 검토 및 승인하는 역할로 전환될 가능성이 크다. 인간의 개입이 상시적이 아닌 간헐적으로 이루어지는 작업 환경이 보편화할 수 있다. AI 기술이 이미 다양한 업무 전반에 걸쳐 기하급수적인 속도로 발전하고 확산하는 현상을 고려할 때, 이러한 노동 방식의 근본적인 변화는 기존의 획일화된 고용 형태에 대한 심도 있는 고찰과 함께, 미래 사회에 적합한 다양한 고용 형태의 모색 필요성을 강력하게 시사한다. 이는 한국 노동시장이 앞으로 어떻게 대응하고 준비해야 하는지에 대한 중요한 질문으로 이어진다.

AI 기술의 발전은 노동의 본질과 인간의 역할을 재정의하고 있

● AI 작업 속도 증가 추이

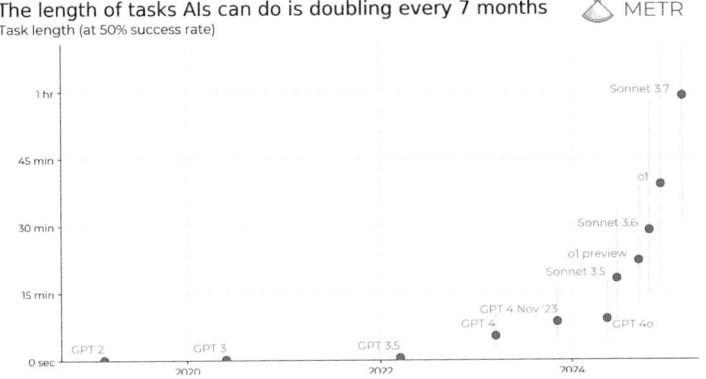

출처: METR, '25.3

다. AI가 자율적으로 업무를 수행하는 비중이 커짐에 따라, 인간의 노동은 더욱 유연하고, 간헐적이며, 프로젝트 중심적인 형태로 변화할 가능성이 크다. 이러한 패러다임 전환 앞에서 한국의 현재 고용 구조는 미래의 변화를 수용하기에 충분한 유연성을 갖추고 있을까?

한국 노동시장에서 정규직 근로자의 비중은 지난 2010년대부터 꾸준히 70% 내외를 유지하며 큰 변화를 보이지 않고 있다. 2023년 통계에 따르면 정규직 근로자는 전체 임금근로자의 70.4%를 차지했다. 반면, 단시간 근로자의 비중은 지난 10년간 서서히 증가하는 추세를 보였으나, 2023년 기준 9.6%로 절대적

● 한국의 정규직 근로자 비중 추이

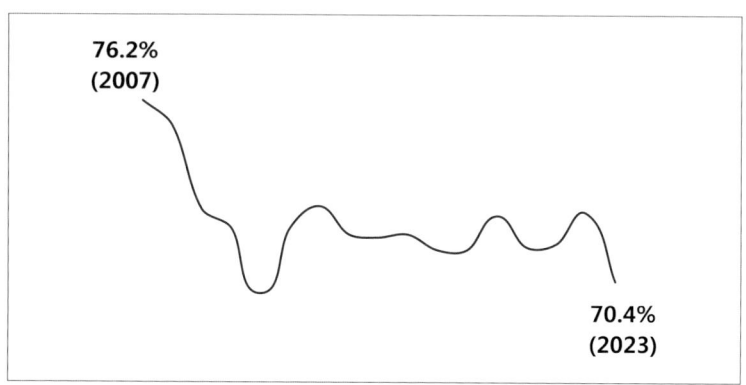

출처: 고용노동부, 2024

인 비율은 여전히 AI 기술 도입으로 인한 직무 변화에 유연하게 대응하고 다양한 노동수요를 충족시키기에는 부족한 수준이다. 기간제 근로자는 6.9%를 기록했다.

국제적 관점에서 볼 때, 한국의 고용 형태는 유연성 면에서 많은 제약을 안고 있다. 특히 단시간 근로의 비율이 현저히 낮아, 고용 유연성이 뛰어난 국가들과 비교해 큰 격차를 보인다. 예컨대 네덜란드의 경우, 단시간 근로자 비율이 전체 근로자의 약 40%에 육박하며, 미국과 독일, 일본 등의 주요 선진국들도 각각 20% 이상의 비중을 유지하고 있다. 이들 국가에서 높은 단시간 근로자 비율은 노동자 개인의 삶의 질 향상, 다양한 인재의 노동시장 참여 촉진, 그리고 기업의 탄력적인 인력 운영을 가능하게 하는 중

● 한국의 단시간 근로자 비중 추이

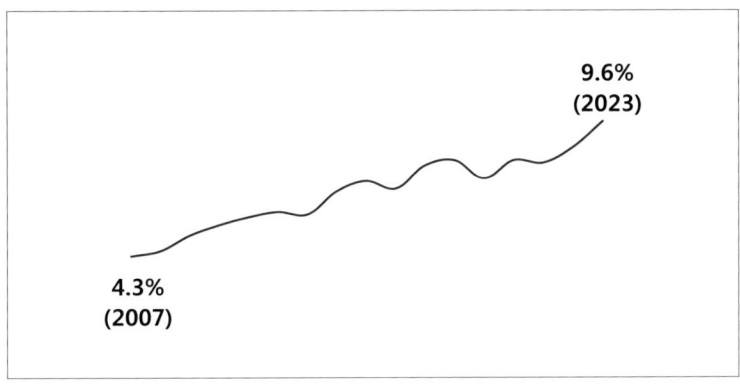

출처: 고용노동부, 2024

요한 요소로 평가된다. AI 시대에는 다양한 배경과 전문성을 가진 인력의 유연한 활용이 더욱 중요해질 것이라는 점에서 이러한 격차는 중요한 문제로 인식되어야 한다.

    정규직 중심의 고용 구조는 근로시간 패턴의 획일성으로도 이어진다. 한국의 근로시간 분포는 다른 선진국들에 비해 매우 집중된 특징을 보인다. 대부분 노동자가 전통적인 주 40시간 전후의 전일제(full-time) 근로에 묶여 있어, 개인의 생애주기, 건강 상태, 가치관, 직무 특성에 따른 다양한 근로시간 선택권이 극히 제한적이다. 이는 근로자들이 다양한 삶의 방식과 근로 형태를 선택할 기회가 부족함을 의미하며, AI가 가져올 업무 자동화 및 시간 활용의 변화에 효과적으로 대응하기 어렵게 만든다. 장기적으로는 노동시장의 활력 저하와 인재 유출로 이어질 수 있으며, 지속 가능한 발전에도 부정적인 영향을 미칠 수 있다.

최근 몇 년 동안 한국의 평균 근로시간이 점진적으로 감소한 것은 긍정적인 변화이지만, 이는 주로 단시간 근로자의 증가에 기인한 측면이 크다. 그러나 이러한 양적 증가 이면에는 심각한 질적 문제가 자리 잡고 있다. 한국의 단시간 근로는 여성, 청년층, 고령층 등 특정 집단에 집중되는 경향이 있으며, 이들 중 상당수는 원하는 전일제 일자리를 찾지 못해 비자발적으로 단시간 근로를 선택하거나 불안정한 생계를 보조하기 위한 수단으로 활용하는 경우가 많다. 더욱 큰 문제는 단시간 근로자의 시간당 임금 수준이 전일제 근로자보다 현저히 낮고, 사회보험 가입률 역시 낮아 노동시장 내 불평등을 심화시키는 주요 원인이 되고 있다는 점이다. 이는 AI 시대에 필요한 숙련된 인력의 자발적이고 생산적인 유연근로 참여를 저해하며, 오히려 노동시장 이중구조를 고착화할 우려가 크다.

이와 대조적으로, 다양한 선진국들은 이미 노동시장 유연성 확보를 위한 정책적 노력을 기울여왔다. 네덜란드는 2000년 '근로시간조정법(Wet aanpassing arbeidsduur)' 도입을 통해 근로자가 생애주기에 따라 풀타임과 파트타임 근무를 비교적 자유롭게 선택할 수 있는 법적 권리를 보장하고, 기업은 중대한 경영상의 이유가 없는 한 이를 수용하도록 하고 있다.

미국의 경우, 법적 강제보다는 기업들이 자발적으로 다양한 단시간 근로 옵션과 유연근무제를 도입하여 인재를 확보하고 생산성을 높이는 사례가 많으며, 일본은 정부 주도의 '일하는 방식 개혁(働き方改革)'을 통해 장시간 노동 관행을 개선하고, 텔레워크(재택근무), 단시간 정규직 등 유연한 근로 형태를 적극적으로 권장하고 있다. 이러한 국제 사례들은 노동시장의 유연성 확보가 단순히 근로자의 삶의 질 향상뿐만 아니라, 기업의 경쟁력 강화와 국가 전체의 생산성 증진에도 기여할 수 있음을 명확히 보여준다.

  결론적으로, 현재 한국의 편중된 고용 형태와 낮은 유연성은 AI 기술 발전이 가져올 미래 노동 환경의 변화에 효과적으로 대응하기 어렵게 만드는 핵심적인 제약 요인이다. 획일적인 고용 형태와 열악한 질의 단시간 근로는 다양한 인재의 잠재력을 막고, 기업의 혁신과 생산성 향상을 저해하며, 사회적 불평등을 심화시킬 수 있다. 따라서 한국 노동시장도 해외 선진국의 사례를 참고하여 근로시간과 고용 형태의 유연성을 대폭 확대하고, 그 질을 개선하는 방향으로 정책적 전환을 모색해야 한다. 이는 단순한 구호가 아니라, AI 시대의 생존과 번영을 위한 필수 전략이다. 구체적으로는 △단시간 근로를 포함한 다양한 유연 근무 옵션의 확대 및 접근성 제고 △정규직과 비정규직 간의 불합리한 임금 및 처우 격차 해소 △모든 근로 형태를 포괄하는 강력한 사회안전망 구축 등이 필요하다.

미래 AI 기술은 개별 근로자의 생산성을 대폭 향상시킬 잠재력을 지니고 있다. 특히 AI는 '항시 가동(always-on)' 체제를 가능하게 하여 산업 전반의 시간 제약을 허물고, 과거 인간 근로자가 주간에만 수행하던 많은 과업을 24시간 내내 처리할 수 있게 한다. 이러한 환경에서 인간의 역할은 AI가 수행하기 어려운 창의적 판단이나 예외적 상황 관리에 집중되며, AI와의 협업을 통해 간헐적이고 유연한 형태로 변화할 가능성이 크다. 즉, AI가 장기간 지속적인 업무를 대행하고, 사람은 필요한 시점에만 투입되어 관리·감독하거나 창의적 판단을 내리는 구조로 전환되면서, 전반적인 생산성은 크게 향상될 수 있다.

그러나 이러한 AI 시대의 생산성 향상이라는 긍정적 가능성을 온전히 실현하기 위해서는 기술 발전과 더불어 그에 걸맞은 제도적 기반 마련이 필수적이다. AI 도입이 가져올 노동시장 변화 과정에서 발생할 수 있는 소득 불평등 심화 가능성에 대비하고, 모든 근로자가 새로운 기회에 적극적으로 참여하며 자신의 잠재력을 최대한 발휘할 수 있는 환경을 조성해야 한다.

한국 노동시장의 생산성을 극대화하고, 다양한 고용 형태를 통해 근로자들이 유연하게 일하며 삶의 질을 높일 수 있는 구체적인 정책 방안을 제언하고자 한다. 이는 AI가 가져올 생산성 혁신의 잠재력을 현실화하고, 동시에 사회안전망 정비를 통해 모든 근로자가 변화의 위험을 감수하고 새로운 도전에 나설 수 있도록 지원하는 지속 가능한 노동 환경 조성을 목표로 한다. 이를 위해 다음과 같은 핵심 과제들을 중심으로 논의를 전개할 것이다.

1) 성과 중심의 유연한 평가 보상 시스템 전환

AI 시대에는 전통적인 근무시간이나 장소의 의미가 퇴색하고, 업무의 자율성과 유연성이 중요해진다. AI가 반복적인 업무를 상당 부분 대체하고 인간은 창의적·전략적 업무나 AI와의 협업을 통한 프로젝트 중심 업무에 집중하게 되면서, 투입된 '시간'보다는 창출된 '성과'와 '기여도'를 중심으로 개인과 조직의 역량을 평가하는 것이 더욱 중요해진다. 특히, 특정 과업 해결을 목표로 다양한 전문성을 가진 인력들이 모여 일하고 해산하는 프로젝트 중심 업무 방식의 확산은 이러한 변화를 더욱 가속할 것이다. 따라서 AI 시대의 노동 환경 변화에 부응하고 생산성 향상을 끌어내기 위한 첫 번째 과제는 이러한 프로젝트 중심의 업무 환경에 적합한 성과 중심의 유연한 평가·보상 시스템으로의 전환이다.

프로젝트 중심 업무 환경에서는 개인의 근속연수나 직급보다는 해당 프로젝트에서의 역할, 전문성, 그리고 실질적인 결과물이 평가의 핵심이 된다. 명확하게 정의된 프로젝트 목표와 핵심 성과 지표, 그리고 주요 진행 단계별 달성도를 기반으로 진행 상황과 최종 결과물을 평가하고, 이에 따라 공정하게 보상하는 체계가 필수적이다. 이는 전일제 정규직뿐만 아니라, 특정 프로젝트를 위해 계약을 맺는 프리랜서, 컨설턴트, 단기 계약직 등 다양한 형태로 참여하는 인력 모두에게 동기를 부여하고 공정한 경쟁 환경을 제공한다. 또한, AI는 프로젝트 관리, 협업 도구, 성과 데이터 분석 등에 활용되어 프로젝트의 효율성을 높이고 보다 객관적인 평가를 지원할 수 있다.

이러한 프로젝트 기반 평가는 이미 IT, 컨설팅, 디자인, 미디어 등 다양한 산업 분야에서 활용되고 있으며, AI의 발전은 이를 더욱 정교하고 보편적인 방식으로 확산시킬 것이다. 예를 들어, 소위 긱 경제(Gig Economy)의 확산은 이미 많은 전문가들이 프로젝트 단위로 계약하고 성과에 따라 보상받는 모델이 확산되고 있음을 보여준다. AI는 이러한 독립형 작업자와 프로젝트를 연결하고, 계약 관리 및 성과 평가를 자동화하는 데 기여할 수 있다. 또한, 미국의 구글은 직원이 스스로 도전적인 목표(Objectives and Key Results, 약칭 OKR)를 설정하고 이를 달성해나가는 과정을 중요하게 평가하며, 연공서열보다는 개인의 역량과 실제 성과에 기반한 보상을 제공한다. 이는 직원들의 자율성과 동기 부여를 극대화하는 효과를 낳고 있으며, AI가 반복적이고 단순한 업무를 자동화해 나갈수록 위와 같은 유인 체계가 중요해질 것이다.

한국에서도 이러한 변화에 발맞춰 △프로젝트별 목표와 역할을 명확히 설정하고 △과정보다는 결과 중심의 성과 지표를 개발하며 △프로젝트 완료 후 공정한 평가와 즉각적인 보상이 이루어지는 시스템을 구축하고 확산해야 한다. 특히 여러 부서나 외부 인력이 협업하는 프로젝트의 경우, 각 참여자의 기여도를 객관적으로 평가할 수 있는 기준 마련이 중요하다. 정부는 기업들이 이러한 프로젝트 기반의 유연한 인사 시스템을 도입하고 운영할 수 있도록 △표준 계약 가이드라인 제공 △프로젝트 관리 및 평가 도구 개발 지원 △성과 평가 전문가 양성 등을 지원해야 한다. 이를 통해 근로자들은 자신이 참여한 프로젝트의 성과에 따라 정당하게 인정받고 보상받음으로써, AI 시대에 요구되는 전문성과 문제 해결 능력을 적극적으로 발휘하고 지속적인 성장을 추구할 수 있을 것이다.

2) 단시간 근로 확대와 고용 형태 다양화

AI 기술의 발전은 전통적인 일의 방식과 장소에 대한 개념을 바꾸고 있다. AI가 특정 업무를 자율적으로 수행하거나 인간과의 효율적인 협업을 가능하게 함으로써, 노동의 시간적·공간적 제약이 점차 완화되고 있다. 이러한 변화는 기업에는 생산성 향상의 기회를, 근로자에게는 자신의 역량을 보다 효과적으로 발휘하고 일과 삶의 균형을 찾을 수 있는 새로운 가능성을 제시한다. 따라서 AI 시대의 기술 변화에 효과적으로 적응하고 그 잠재력을 최대한 활용하기 위해서는 기존의 획일적인 고용 관행에서 벗어나, 기업의 운영 효율성과 근로자의 업무 몰입도를 동시에 높일 수 있는 다양한 고용 형태 및 근로시간 운영 방안을 적극적으로 모색하고 활용할 필요가 있다.

여기서 핵심은 고용 형태 및 근로시간의 유연성 확대가 단순히 특정 제도를 도입하는 것을 넘어, 기술 변화에 대한 기업과 근로자의 적응력을 높이고, 이를 통해 새로운 가치를 창출하는 선순환 구조를 만드는 것에 있다. 예를 들어, 프로젝트 기반 업무의 확산, 원격근무 기술의 발전 등은 근로자들이 특정 시간과 장소에 얽매이지 않고 자신의 전문성을 최대한 발휘할 수 있는 환경을 조성한다. 기업은 이러한 변화를 활용하여 핵심 인재를 유치하고 유지하며, 다양한 배경과 전문성을 가진 인력 풀을 탄력적으로 운영함으로써 시장 변화에 신속하게 대응할 수 있다. 이는 전일제 정규직 중심의 전통적인 고용 방식 외에도, 개인의 전문성과 기업의 필요에 따라 단시간 전문직, 선택적 근로시간제, 집중 근무 시간제 등 다양한 옵션을 전략적으로 활용하는 것을 의미한다.

이미 많은 글로벌 기업들은 이러한 유연한 고용 및 근로시간 운영을 통해 경쟁력을 강화하고 있다. 미국의 IT 기업들은 우수 인재 확보를 위해 원격근무를 적극적으로 도입하고, 개인의 업무 리듬에 맞춰 근무시간을 자율적으로 조정할 수 있도록 지원하는 경우가 많다. 이는 직원들의 만족도와 생산성을 동시에 높이는 효과를 가져오고 있다. 독일의 경우, '근로시간 계좌제'와 같이 특정 기간 동안의 근로시간을 유연하게 조정하여 업무량 변동에 효과적으로 대응하고, 근로자에게는 필요에 따라 장기 휴가 등을 활용할 기회를 제공하기도 한다. 이러한 제도는 기업의 인력 운영 효율성을 높이는 동시에 근로자의 재충전과 역량 개발을 지원함으로써 상호 이익을 도모한다.

한국에서도 이러한 기술 변화에 발맞춘 유연성 제고 노력이 필요하다. 정부는 기업들이 자율적으로 다양한 고용 형태와 근로시간 제도를 도입하고 운영할 수 있도록 △유연 근무 도입에 따른 생산성 향상 컨설팅 제공 △원격근무 인프라 및 협업 솔루션 구축 지원 △성과 중심의 인사관리 시스템 전환 지원 등을 강화해야 한다. 또한, 공공부문이 선도적으로 유연한 근무 환경을 조성하여 성공 사례를 만들고, 이를 민간 부문으로 확산시키는 노력이 중요하다. 기업 역시 이러한 유연성을 단순히 비용 절감의 수단으로 여기기보다는, 기술 변화에 효과적으로 적응하고 조직의 혁신과 성장을 끌어내는 핵심 전략으로 인식하고 적극적으로 투자해야 한다. 이를 통해 기업은 변화하는 시장 환경에 민첩하게 대응하고, 근로자들은 자신의 잠재력을 최대한 발휘하며 기업과 함께 성장하는 긍정적인 결과를 창출할 수 있을 것이다.

3) 다수 기업과 근로계약 맺는 멀티잡(multi-job)의 확산

AI로 기업 생산성이 향상되고, 근로시간이 감소함에 따라 현재 '9 to 6'의 풀타임 근로 형태는 변화가 불가피해질 것이다. 나아가 한 기업과의 전속적인 근로계약에 기반을 둔 전통적인 근로관계에서 벗어나, 다수의 기업과 계약을 맺고 일하는 '멀티잡(multi-job)' 또는 겸업 형태가 확산할 것으로 예상된다.

이는 AI 기술이 불러오는 전통적 직무구조의 해체와 맞물려 필연적으로 등장하게 되는 고용 형태다. 즉, AI가 많은 영역에서 업무를 대체하고 인간의 근로시간은 점차 줄어들게 되면서, 풀타임 근로를 전제로 한 고용 구조는 더 이상 지속 가능하지 않다. 이에 따라 근로자들은 보다 유연하고 분산된 방식으로 자신의 노동력을 활용할 기회를 찾게 되며, 이는 한 개 기업에 종속되지 않는 다중 계약 기반의 고용 관계로 이어지게 될 것이다.

이러한 변화는 기업과 근로자 모두에게 긍정적인 효과를 가져올 수 있다. 기업으로서는 필요한 인재를 유연하게 확보하고, 고용의 경직성을 줄이며, 다양한 외부 전문인력을 활용함으로써 경쟁력을 높일 수 있다. 특히 중소기업은 대기업에서 겸업 중인 우수 인력을 프로젝트 단위로 활용함으로써 고급 인재에 대한 접근성을 높일 수 있다. 근로자로서는 단일 조직 안에서 경력을 쌓기보다 다양한 기업과 업무 경험을 통해 자신의 전문성과 경력을 확장하고, 자기계발과 추가 소득 창출이 가능해진다. 이는 특히 프리랜서, 창업 준비자, 경력 단절 여성 등 다양한 인구집단의 경제활동 참여 확대에도 긍정적인 영향을 미친다.

일본은 이러한 가능성을 보여주는 대표적 사례다. 일본 경제단

체연합회(경단련)의 2022년 '부업·겸업에 관한 기업 앙케이트'에 따르면, 자사 직원의 부업·겸업을 '인정하고 있다'는 기업은 53.1%, '인정할 예정'이라는 기업은 17.5%로, 전체의 70.5%에 달한다. 특히 상시 근로자 수 5,000명 이상의 대기업에서는 '인정하고 있다'라는 비율이 66.7%, '인정할 예정'이 17.2%로, 총 83.9%에 이른다. 또한, 외부에서 채용할 인재의 부업·겸업 수용 여부에 대해 '인정하고 있다'라는 기업이 16.4%, '인정할 예정'이 13.8%로, 약 30%의 기업이 수용 의사를 보이고 있다.

이러한 변화는 일본 정부의 정책적 지원과도 맞물려 있다. 후생노동성은 2018년과 2020년에 '부업·겸업 가이드라인'을 제정 및 개정하여, 다수의 근로계약을 맺는 경우 발생할 수 있는 근로시간 관리, 산업재해 보상, 고용보험 등 사회보험 적용 등 주요 쟁점에 대한 명확한 기준을 제시하면서 기업의 활용을 유도하고 있다. 실제 혼다(Honda), NTT 도코모(NTT Docomo), 히타치 제작소(Hitachi Ltd.), 후지쯔(Fujitsu), 파나소닉 (Panasonic Corporation) 등 일본 유수의 기업들이 조직의 유연성을 확보하고 직원들의 전문성을 강화하기 위해 겸업제도를 적극적으로 활용하고 있다.

반면 우리나라에서 겸업·부업에 대한 사회적 인식은 부정적인 경향이 강하다. 실제로 많은 기업이 취업규칙이나 사내규정을 통해 겸업을 원칙적으로 금지하고 있으며, 겸업을 시도한 근로자에 대해 인사상 불이익을 주기도 한다. 그 결과, 우리나라에서의 겸업·부업은 자기계발이나 전문성 제고보다는 낮은 본업 소득을 보완하기 위한 생계형 부업의 성격이 강하게 나타나고 있다. 또한, 관련 법제 정비가 미흡한 수준이다. 현행 노동법은 기본적으로 '1:1 고용계약'을 전제로 설계되어 있다.

향후 AI 확산과 고용 유연화 흐름을 수용하기 위해서는 1:다수 고용 관계에 적합한 법적 틀을 마련하고, △근로시간 산정 및 관리 기준 △사회보험료 배분 방식 △계약종료 및 해고기준의 유연화 등 노동관계법 제도를 재정비할 필요가 있다. 이는 겸업·부업뿐 아니라, 시간제, 재택근무, 프로젝트형 계약 등 다양한 고용 형태가 병존하게 될 AI 시대에 대응하기 위한 최소한의 인프라라 할 수 있다. 또한, 멀티잡에 대한 부정적 인식을 버리고 기업과 근로자 모두에게 필요한 고용 형태로 인정하는 인식전환도 필요하다.

4) AI 시대 적응력 강화를 위한 안식년 및 학습휴가제 확산

AI 기술의 급격한 발전은 기존 직무의 변화를 넘어 새로운 기술과 지식의 습득을 끊임없이 요구한다. 현재 대학교수 등 일부 전문 직종에 제한적으로 운영되고 있는 안식년 제도는 이러한 시대적 요구에 부응하여 그 적용 범위를 확산하고 실질적인 재교육 및 역량 강화의 기회로 재설계될 필요가 있다. AI 시대의 핵심 경쟁력인 인적자본의 질을 높이고, 장기적인 관점에서 개인과 조직의 지속 가능한 성장을 지원하기 위해, 안식년 또는 학습휴가제도를 더욱 폭넓게 활용하여 근로자에게 재교육 및 자기계발의 기회를 체계적으로 제공해야 한다.

안식년이나 학습휴가제도는 단순히 장기간의 휴식을 제공하는 것을 넘어, 근로자가 급변하는 기술 환경에 적응하고 새로운 직무 역량을 쌓거나 창의적인 아이디어를 구상하고 재충전할 중요한 기회가 된다. 특히 AI 기술의 발전 속도가 빨라지고 기존 기술의 수명이 단축됨에 따라, 근로자가 일정 기간 업무 현장을 떠나 집중적으로 새로운 AI 관련 기술, 데이터 분석 능력, 디지털 전환 대응 역량 등을 학습하는 것은 개인의 경력 개발뿐 아니라 기업의 혁신과 생산성 향상에도 직접적으로 기여한다. 이러한 제도는 과거의 연공서열 중심이 아닌, 지속적인 학습과 역량 개발을 통해 자신의 가치를 높여나가는 AI 시대의 인재상에 부합하는 핵심적인 지원책이 될 수 있다.

해외에서는 이미 다양한 형태로 근로자의 재교육 및 역량 강화를 지원하는 제도를 성공적으로 운영하고 있다. 벨기에의 '커리어 브레이크(Career Break)' 제도는 근로자가 자기계발, 가족 돌봄, 학업 등 다양한 사유로 일정 기간 경력을 중단할 수 있도록 허용하며, 이 기간에 정부가 소득 일부를 지원한다. 중요한 점은 이 제도가 특정 직종에 국한되지 않고 광범위한 직업군에서 활용될 수 있다는 것이며, 근로자는 휴직 후 원직 또는 동등한 직무로 복귀할 수 있는 권리를 보장받는다. 이는 근로자의 재충전과 함께 노동시장 유연성 확보에도 기여하며, 네덜란드, 프랑스 등 다른 유럽 국가에서도 유사한 제도를 찾아볼 수 있다.

싱가포르의 '스킬스퓨처(SkillsFuture)' 프로그램은 평생학습 지원의 대표적인 사례로, 만 25세 이상 모든 국민에게 교육훈련 바우처를 지급하여 자발적인 학습 참여를 독려한다. 이 바우처는 다양한 온·오프라인 교육과정에 사용할 수 있으며, 특히 40세 이상 경력자에게는 교육비의 90%까지 추가 지원하는 등 경력 단계별 맞춤형 정책을 시행하고 있다. 스킬스퓨처는 단순한 바우처 제공을 넘어, 고등교육기관, 사설 교육기관, 기업 등과 연계된 다층적 평생학습 생태계를 구축하고, 진로 상담 및 경력 개발 서비스까지 포괄적으로 지원한다. 이러한 국가 차원의 체계적인 학습 지원 시스템은 안식년이나 학습휴가 제도와 결합될 때 근로자가 경력 단절 없이 새로운 기술을 습득하고 재교육을 받는 데 매우 효과적인 시너지를 창출할 수 있다.

한국에서도 안식년 및 학습휴가제도를 더욱 폭넓게 확산시키기 위한 적극적인 노력이 필요하다. 정부는 △현재 일부 직종에 한정된 안식년 제도의 적용 대상 확대를 위한 법·제도적 기반 마련 △기업의 자율적인 학습휴가제도 도입에 대한 인센티브 강화(예: 훈련비용 세액공제 확대, 대체인력 지원) △휴가 기간의 소득 보전을 위한 사회적 논의 착수 및 재원 확보 방안 모색 △AI 시대 유망 분야 및 신기술 관련 공인된 재교육 프로그램 개발 및 제공기관 육성 등을 추진해야 한다. 기업 역시 장기적인 인재육성 관점에서 안식년이나 학습휴가를 핵심 인력의 직무 전환 및 역량 고도화를 위한 전략적 기회로 활용하고, 복귀 후 학습 성과가 실제 업무에 적용될 수 있도록 경력 관리 시스템과 연계하는 노력이 필요하다.

지금까지 우리는 AI 기술 발전이 가져올 미래 노동시장의 변화와 이에 대응하기 위한 고용 형태 다양화 필요성, 그리고 구체적인 정책 방안들을 살펴보았다. AI는 인간의 업무 방식을 근본적으로 변화시키고 생산성을 비약적으로 향상할 잠재력을 지니고 있지만, 이러한 혜택이 사회 전체에 고루 돌아가고 지속 가능한 발전을 이루기 위해서는 제도적 준비와 사회적 노력이 필수적이다.

지금까지 제안한 성과 중심의 유연한 평가·보상 시스템 전환, 근로자 선택권 확대를 위한 고용 형태 및 근로시간 다양화, 그리고 AI 시대 적응력 강화를 위한 안식년 및 학습휴가제 확산은 모두 AI가 가져올 생산성 향상의 기회를 현실화하고, 변화하는 노동 환경에 근로자들이 효과적으로 적응할 수 있도록 지원하는 데 목적이 있다. 이러한 정책들은 기업에 혁신과 성장의 동력을 제공하고, 근로자에게는 일과 삶의 균형을 찾으며 자신의 잠재력을 최대한 발휘할 수 있는 환경을 조성하는 데 기여할 것이다.

그러나 이러한 제도적 변화만으로는 충분하지 않다. 고용 형태가 다양해지고 노동 이동성이 증가하는 AI 시대에는 개인에게 더 많은 자율성과 기회가 주어지는 동시에, 새로운 형태의 불안정성에 직면할 가능성 또한 커진다. 따라서 AI 시대의 고용 형태 다양화와 유연성 확대가 성공적으로 안착하기 위해서는 개인이 변화의 리스크를 감수하고 새로운 도전에 적극적으로 나설 수 있도록 뒷받침하는 사회안전망 구축이 병행되어야 한다.

맺|음|말

새로운 성장모델로
새로운 성장판 열길

대한민국을 둘러싼 다양한 이슈에 대해 저마다 우선순위가 다르겠지만, 지금 민간 영역에서 가장 시급한 어젠다는 누가 뭐래도 '성장'이다. 엔진 꺼진 비행기가 관성에 의해 날고 있는 상황을 '이상이 없다'라고 착각해선 안 된다.

이 책은 대한민국 성장 약화 이유를 크게 3가지로 진단했다. ① 소규모 경제의 한계로 글로벌 규칙 추종자(Rule-taker) 위치를 벗어날 수 없어 국제질서 변화에 따라 요동칠 수밖에 없는 구조라는 점 ② 독립경제체제를 구축하는 과정에서 고비용 구조가 굳어져 인플레이션에 취약하고 가격경쟁력을 지속 확보하기 어려운 점 ③ 내부로부터의 구조개혁 노력과 정책 리소스 효율성이 미흡해 산업혁신이나 사회문제 해결이 지체되고 있다는 점이다.

그래서 3가지 성장모델을 제안했다. ① 한·일 경제연대. EU가

그랬듯, 경제 규모를 키워 국제사회에 낼 수 있는 목소리의 영향력을 높여야 한다. 제조·수출 주도의 경제구조 아래 저출산·고령화 문제를 겪고 있는 '동병상련' 처지의 일본과 연대해 공통의 과제를 풀어나가야 한다. 또한, 에너지 수입, 첨단 산업, 의료·관광 분야 협력을 통해 '규모의 경제'를 달성하게 되면, 저비용 구조로 전환 가능하다는 점을 짚어봤다.

② 500만 해외시민의 유입. 경제 규모 확대 방편으로 나라 밖으로는 글로벌 연대를 꾀하는 한편, 나라 안으로는 해외시민 유치가 필요하다고 강조했다. 특히, 생산가능인구 감소와 기술인재 유출 대응을 위해 고급두뇌 유치가 절실하다. 조건부 그린카드 제도 시행과 정주 여건 조성, 글로벌 반도체 팹 유치 노력을 통해 다수의 고급두뇌가 유입되면, 이들의 소비력과 납세 효과로 내수가 획기적으로 확대될 것임을 언급했다.

③ 소프트머니 전략. 상품수지에 기댄 성장방식을 넘어 본원소득수지 개선을 통해 경상수지 전반을 끌어올려야 한다. 본 책에서는 전략적 해외투자의 중요성을 강조했다. 금산분리 완화 등의 조치를 통해 산업 일선의 기업이 해외 첨단기술을 공략해 금융소득을 벌어들이는 동시에, 선진기술을 내재화해 국내 산업경쟁력 강

화에도 이바지할 수 있는 선순환 구조를 서둘러 마련해야 한다. '본원소득수지'가 '본원적 투자'로 이어질 방안이라는 점을 거듭 강조하고 싶다. K-푸드, K-컬처 등을 산업화해 해외 소비자들의 경험과 학습을 통해 락인(Lock-in)할 수만 있으면, 반도체보다 큰 시장을 만들 수 있다는 점도 설파했다. 우리만의 레시피, 쿠킹클래스, 양념과 소스, 조리기구, 식기류 등 글로벌 '무풍지대'를 서둘러 개척해 '네버엔딩 스토리'를 만드는 데 총력을 기울였으면 한다.

  새로운 성장모델 구현을 위한 구체적 실행모델도 제안한다. 메가 샌드박스. 특정 사업모델에 대해 일정 기간 규제를 유예하는 규제 샌드박스를 광역 도시로 확장한 개념이다. 혁신의 실험장 성격으로 AI 인프라, 파격적 규제개선, 선진국 수준의 인센티브, 글로벌 정주 환경이 보장되는 '일석다조'의 솔루션이다. 지역별 컨셉과 기술, 산업을 결합하면 전국 어디서나 다양한 메뉴 구축도 가능하다. 제한된 재원과 시간, 인력을 고려할 때, 가장 '가성비' 좋은 성장을 이뤄낼 실행모델이라고 확신한다.

  이상의 성장모델과 실행모델은 당장 도입이 어려울 수 있다. 유리 천장을 깨는 수준의 발상 전환으로, 경제·사회 전반의 구조변화가 필요하고, 경제주체 간 합의가 요구되기 때문이다. 그러함에도 이런 화두를 꺼낸 배경에는 '성장하려면 반드시 변해야 한다'는 절박감이 있다. 논의 자체가 지연되어선 안 된다. 큰 걸음을 뗀다는 심정으로 국회와 정부, 산업계가 머리를 맞대고 논의에 착수했으면 하는 바람이다.

집필진 소개

강경남

연세대학교 졸업 후, 서울대학교에서 경제학 박사학위를 취득하였다. 현재 한국지식재산연구원 연구위원으로 재직 중이다. 건국대학교 겸임교수, 대통령소속 국가지식재산위원회 전문위원을 역임하였으며, 특허청 등 정부 부처의 자문위원으로 참여하고 있다. 산업재산권 국제거래, 지식재산 경영 및 혁신정책 분야를 연구하고 있다.

강동관

성균관대학교 졸업 후, University of Kentucky의 Gatton College에서 경제학 박사학위를 취득하였다. 한국 재정정책학회장과 외국인 정책위원을 지냈고, 청주대학을 거쳐 이민정책연구원(MRTC)에서 선임연구위원과 원장을 지냈다. 주된 연구 분야는 이민자에 의한 경제적 효과와 노동시장 분석으로, 정부와 민간 양쪽에 전문적인 자문을 제공하고 있으며, 주요 이민정책 현안에 참여하고 있다.

권석준

서울대학교 공대에서 학·석사, MIT에서 공학박사 학위를 받았고, 한국과학기술연구원(KIST) 첨단소재연구본부에서 선, 책임연구원을 역임하였다. 현재 성균관대학교 화학공학부, 반도체융합공학과, 미래에너지공학과 교수로 재직 중이다. 주로 차세대 반도체 소재 및 공정 기술을 연구하고 있으며 대표 저서로는『반도체 삼국지』『차세대 반도체』가 있다. 과학기술정보통신부 국가전략기술 기획 및 평가 위원회, 기획재정부 공급망안정화위원회 등에 소속되어 한국의 첨단 산업 및 과학기술 관련 정책 기획, 전략 수립 등의 활동을 하고 있다.

김창욱
연세대학교 금속공학과를 졸업하고 LG CNS, AT커니, 액센추어를 거쳐 현재 보스턴컨설팅그룹(BCG)의 매니징 디렉터 & 파트너를 맡고 있다. 반도체 산업 및 기술 전반의 폭넓은 경험을 보유한 반도체 전문가로서 한국 오피스의 반도체팀을 이끌고 있으며, 국내외 클라이언트 대상으로 컨설팅 활동뿐 아니라 SEMI KOREA, SEMI SEA, 베트남 NIC, KOTRA 등 다양한 반도체 기관에 연사로 초청받고 있다.

박문수
단국대학교를 졸업 후, 성균관대학교에서 "한국 중소기업의 대기업 기술협력과 기술경쟁력 연구"로 행정학 박사학위를 취득하였다. 현재 단국대학교 공공인재대학 공공정책학과 교수로 재직하고 있다. 주요 전공 분야는 과학기술정책, 중소기업 기술혁신, 산학협력 정책, 규제 혁신 등이다. 국가과학기술자문회의 기계소재전문위원회 중소기업혁신 분과 전문위원을 수행하였으며, 국가과학기술자문회의 평가전문위원회 전문위원을 역임한 바 있다. 앞으로도 우리나라 중소기업 혁신과 대중소기업 협력 강화를 위해 연구할 예정이다.

박형곤
연세대학교에서 경영학과 응용통계학을 전공하고, Monitor Group 서울 오피스에서 전략 컨설팅 업무를 시작하였으며, Booz & Company를 거쳐 Monitor Group을 인수한 Deloitte Consulting에 합류하여 TMT 산업을 리드하는 파트너로 활동하고 있다. 국내외 주요 Technology, Media 및 Telecommunication 기업들을 대상으로 성장 전략, 신사업 전략 및 인수 자문을 진행하고 있으며, 현재는 ABAC(APEC Business Advisory Council)에서 Executive Director를 겸임하며 APEC CEO SUMMIT 2025와 ABAC 2025 준비도 지원하고 있다.

서동현

현재 한국은행 고용연구팀에서 재직 중이며, AI가 노동시장 및 경제성장에 미칠 영향과 정책적 함의에 대한 연구를 활발히 수행하고 있다. 현재 진행 중인 연구에는 AI 기술이 소득 불평등에 미칠 영향, 인공일반지능(Artificial General Intelligence) 개발에 따른 경제성장과 노동수요 변화 시나리오, 생성형 AI 확산 및 AI 관련 정책에 대한 설문조사, AI 인적자본과 인재 유출 등이 있다. 연세대학교 졸업 후, 미국 University of Virginia에서 경제학 박사학위를 취득하였다.

이지평

일본 호세이(法政) 대학교 경제학과를 졸업하고 고려대학교 경제학 석사 과정을 수료했다. 1988년에 LG경제연구원 입사, 33년간 근무, 미래연구팀장, 에너지연구팀장, 수석연구위원(상무급) 등 역임. 2020년부터 한국외국어대학교 융합일본지역학부 특임강의 교수직을 맡고 있다. 월간지「JAPAN INSIGHT」(한일산업·기술협력재단)의 공동 저자, 저서는 『우리는 일본을 닮아가는가』 『볼륨 존 전략』 『일본식 파워경영』 『주5일 트렌드』 등이 있다.

임진

서울대 경제학과에서 학사와 석사를 마친 후 미국 텍사스 오스틴 대학에서 경제학 박사학위를 취득하였다. 1998년 한국은행에 입행한 이후 대부분 기간을 조사국에서 경제전망 업무를 담당하였으며, 2009년~2010년 동안에서 G20 정상회의준비위원회에서 자문관으로 근무하면서 글로벌 금융안전망, 글로벌 금융규제 등에 관해 연구하였다. 2020년~2023년 동안에는 대한상공회의소 싱크탱크인 지속성장이니셔티브 원장으로 있으면서 법규제 혁신, 저탄소전환, 디지털전환 등의 분야에서 활발한 연구활동을 하였다. 현재는 한국금융연구원에 재직 중이다.

정명은

현재 사회적가치연구원 실장으로 재직 중이다. 연세대학교 행정학 박사학위 취득 후 동 대학 연구교수로 재직하며 지방정부와 정책 확산에 관해 연구하였다. 이후 사회적가치연구원의 창립 연구원으로 입사하여 학술팀장, 기획팀장을 역임하였다. SPC(사회성과인센티브) 운영 및 효과성 검증, 사회문제 조사(한국인이 바라본 사회문제, ESGame), 사회적 가치 경영전략(소통 및 키워드) 연구, 기업재단 임팩트 측정 협의체를 발족하였고 현재는 사회·환경성과 보상 및 거래 시스템 연구를 맡고 있다. 최근 글로벌 사회혁신 유명 매거진 SSIR(Stanford Social Innovation Review)과 WEF 슈왑재단 공동 연구보고서에 집필진으로 참여하여 사회성과보상제도의 설계와 효과를 소개하였다.

조홍종

서울대학교 졸업 후, 미국 펜실베이니아 대학교에서 경제학 박사학위를 취득하였다. 이후 단국대학교 교수로 재임하면서 현재 한국자원경제학회 회장을 역임하고 있다. 산업통상자원부 에너지 위원과 제11차 전력수급 기본계획 총괄위원과 제16차 장기천연가스 수급계획 수요실무위원장을 맡아 국가 에너지 정책 수립에 기여하고 있다. 전력시장에서는 규칙개정위원, 비용평가위원과 시장감시위원을 맡고 있고 환경부 배출권 시장 선진화 협의체 위원 등도 겸하고 있으며 에너지와 환경 전반을 아우르는 전문가로 활동하고 있다.

최규완

현재 경희대학교 호텔관광대학 교수이며, 같은 대학 H&T애널리틱스센터장이다. 서울대학교에서 경영학 박사학위를 받았고 삼성경제연구소(SERI) 금융증권실, 경제동향실 연구원으로 일하였다. 또한, 국민연금기금운용위원회, 중소벤처기업부장관 정책고문, (사)한국외식산업정책학회 회장 등을 역임하였다. 주요 관심 분야는 관광, 자영업, 음식 등 서비스 분야이다. 한식산업화 관련 한국상공회의소 프로젝트를 수행하였고, 현재는 동반성장위원회 운영위원, 한국관광학회 미래관광전략위원장으로 활동하고 있다.

최승재
세종대학교 법학부 교수로 재직 중이다. 사법연수원 29기로 한국특허법학회 부회장, 대한상사중재원 중재인, AIPPI의 본부(Paris) Standing Committee 위원 및 한국 부회장, 한국세법학회 부회장을 맡고 있다. 경력으로 대법원 재판연구관, 김·장법률사무소 변호사, 경북대학교 법학전문대학원 교수, 삼성과 마이크로소프트 변호사, 국가지적재산권위원회 전문위원 등을 역임하였다. 『표준필수특허와 법』 이외에 15권 이상의 단독저서와 『신미국특허법』 외 30권 이상의 공동저서가 있다.

새로운 질서
새로운 성장

초 판 1쇄 인쇄 2025년 6월 25일
　　 1쇄 발행 2025년 6월 30일

지은이　강경남 외 12인
펴낸이　박경수
펴낸곳　페가수스

등록번호　제2011-000050호
등록일자　2008년 1월 17일
주　　소　서울시 노원구 월계로 334, 720호
전　　화　070-8774-7933
팩　　스　0504-477-3133
이 메 일　pegasusbooks@naver.com

ISBN　978-89-94651-62-0　03300

ⓒ 강경남 외 12인, 대한상공회의소 2025
이 책은 저작권법에 따라 보호받는 저작물이므로 무단 전재와 무단 복제를 금지하며,
이 책 내용의 전부 또는 일부를 이용하려면 반드시 저작권자와 도서출판 페가수스의
서면동의를 받아야 합니다.

※잘못된 책은 바꾸어 드립니다.
※책값은 뒤표지에 있습니다.